JONATHAN COTT

Susan Sontag

THE DOORS UND DOSTOJEWSKI

Das *Rolling-Stone*-Interview

Aus dem Englischen
von Georg Deggerich

HOFFMANN UND CAMPE

Die Originalausgabe erschien 2013 unter dem Titel
The Complete Rolling Stone Interview im Verlag Yale University Press,
New Haven und London

Satz: Dörlemann Satz, Lemförde
Gesetzt aus der Albertina
Druck und Bindung: Friedrich Pustet, Regensburg
Printed in Germany
ISBN 978-3-455-50330-2

HOFFMANN
UND CAMPE

Ein Unternehmen der
GANSKE VERLAGSGRUPPE

Er wird zum Störer des intellektuellen Friedens, um den Preis, ein Wanderer im intellektuellen Niemandsland zu werden, auf der Suche nach einem festen Platz, ein Stück weiter des Wegs, irgendwo hinter dem Horizont.
Sie sind weder gefällige noch zufriedene Zeitgenossen, diese Fremden auf unsicheren Füßen.

THORSTEIN VEBLEN

Wenn ein Mensch stirbt, verschwindet eine ganze Bibliothek.

SPRICHWORT DER KIKUYU

INHALT

∎

VORWORT
∎

»Die einzige denkbare Metapher für das Leben des Geistes«, schrieb die Politikwissenschaftlerin Hannah Arendt, »ist die Empfindung des Lebendigseins. Ohne den Lebenshauch ist der menschliche Körper ein Leichnam; ohne das Denken ist der menschliche Geist tot.« Susan Sontag stimmte dem zu. Im zweiten Band ihrer Notizen und Tagebücher (*Ich schreibe, um herauszufinden, was ich denke*) erklärte sie: »Intelligent zu sein heißt für mich nicht, etwas ›besser‹ zu machen. Es ist die einzige Form, in der ich existiere. [...] Ich weiß, dass ich Angst davor habe, passiv (und abhängig) zu sein. Wenn ich meinen Verstand einsetze, fühle ich mich aktiv (autonom). Das ist gut.«

Sontag, die 1933 geboren wurde und 2004 starb, war als Essayistin, Schriftstellerin, Dramatikerin, Filmemacherin und politische Aktivistin ein eindrucksvolles Beispiel dafür, wie ein Leben, das dem Geist gewidmet ist, und das Nachdenken über das eigene Leben einander ergänzen und bereichern können. Seit der Veröffentlichung von *Kunst und Antikunst* im Jahr 1966 – ihrer ersten Sammlung von Essays, die auf ebenso lustvolle wie vorurteilsfreie Art von den Supremes bis Simone Weil und Filmen wie *Die unglaubliche Geschichte des Mister C.* bis *Muriel oder Die Zeit der Wiederkehr* reichten – ist Sontag ihrer Wertschätzung von Hochkultur und Populärkultur stets treu geblieben. So schrieb sie im Vorwort anlässlich der Wieder-veröffentlichung ihres Buches nach dreißig Jahren: »Wenn ich zwischen den Doors und Dostojewski wählen müsste, dann würde ich – selbstverständlich – Dostojewski wählen. Aber muss ich denn wirklich wählen?«

Als Verfechterin einer »Erotik der Kunst« teilte sie mit dem französischen Autor Roland Barthes nicht nur dessen »Lust am Text«, sondern auch, was sie seine »Vision des Geisteslebens als eines Lebens des Begehrens, der umfassenden Intelligenz und der Lust« nannte. In dieser Hinsicht folgt sie William Wordsworth, der in seinem Vorwort zu den *Lyrical Ballads* die Aufgabe des Dichters darin sah, »einem Menschen unmittelbares Vergnügen zu bereiten« – als »Anerkennung der Schönheit des Universums« und »Huldigung der angeborenen und nackten Würde des Menschen« –, und mit Nachdruck betonte, die Umsetzung dieses Ziels sei »eine leichte und einfache Aufgabe für den, der die Welt im Geiste der Liebe betrachtet«.

»Wann fühle ich mich stark?«, fragt Sontag sich in einem Tagebucheintrag und gibt als Antwort: »Wenn ich verliebt bin und wenn ich arbeite«, verbunden mit dem Bekenntnis zu »den heißen Höhenflügen des Geistes«. Zweifellos waren Lieben, Begehren und Denken für Sontag ihrem Ursprung nach eng miteinander verwandt. In ihrem faszinierenden Buch *Eros the Bittersweet* spricht die Lyrikerin und Altphilologin Anne Carson – eine Autorin, die Sontag sehr bewunderte – von »einer ähnlichen Erscheinungsweise des Eros im Geist eines Liebenden und des Wissens im Geist eines Denkers« und fügt hinzu: »Wenn der Geist sich nach dem Wissen ausstreckt, öffnet sich der Raum des Begehrens.« – Ein Gedanke, der auch in Sontags Essay über Roland Barthes anklingt: »Schreiben ist eine Umarmung, ein Umarmtwerden, jeder Gedanke ist ein Gedanke, der die Hand ausstreckt.«

In einem 1987 vom amerikanischen PEN-Zentrum veranstalteten Symposium zum Werk von Henry James widmete sich Sontag erneut der unlösbaren Verknüpfung von Begehren und Wissen. Der häufig geäußerten Kritik an James' kargem und abstraktem Stil hält Sontag entgegen: »Tatsächlich ist seine Sprache eine des Reichtums, der Fülle, der Lebensfreude, des Überschwangs, der Ekstase. In James' Welt gibt es von allem mehr – mehr Text, mehr Bewusstsein, mehr Raum, mehr räumliche Komplexität, mehr Stoff, an dem das Bewusstsein sich abarbeiten kann. Er führt ein Prinzip des Begehrens in den Roman ein, das mir neu erscheint. Und zwar ein epistemologisches Begehren nach Wissen, das dem körperlichen Begehren gleicht und es oft nachahmt oder spiegelt.« In ihren Tagebüchern beschreibt Sontag das »geistige Leben« mit den Worten: »Begierde, Appetit, Gelüste, Verlangen, Sehnsucht, Unersättlichkeit, Verzückung, Neigung.« Sie hat sich wohl in den Worten von Anne Carson wiedergefunden, die bekannte, »mich zu verlieben und Wissen zu erlangen geben mir das Gefühl, wirklich lebendig zu sein«.

In all ihren Unternehmungen versuchte Sontag stereotype Einteilungen wie männlich/weiblich oder jung/alt, die den Menschen ein enges und furchtsames Leben bescheren, auszuhebeln und auf den Kopf zu stellen; und stets befragte und prüfte sie ihre Vorstellung, dass allgemein anerkannte Gegensätze wie Denken und Fühlen, Form und Inhalt, Moral und Ästhetik oder Bewusstsein und Sinnlichkeit sich auch einfach nur als wechselseitige Aspekte betrachten ließen – gerade so, wie Samt, je nachdem, in welche Richtung man darüberstreicht, sich anders anfühlt und eine unterschiedliche Schattierung aufweist.

In ihrem Essay ›Über den Stil‹ von 1965 etwa schrieb Sontag: »Nennt man Leni Riefenstahls *Triumph des Willens* und *Olympia* Meisterwerke, so heißt das nicht, Nazipropaganda mit ästhetischer Nachsicht glossieren. Die Nazipropaganda lässt sich nicht leugnen. Daneben aber ist noch etwas anderes … die komplexen Bewegungen des Geistes, der Anmut und der Sinnlichkeit.«

Zehn Jahre später, in ihrem Essay ›Faszinierender Faschismus‹, kehrte sie die Argumentationsrichtung um und bezeichnete *Triumph des Willens* als »rein propagandistischen Film, der schon allein von der Anlage her die Möglichkeit ausschließt, die Regisseurin habe über eine von der Propaganda unabhängige ästhetische Konzeption verfügt«. Während sie sich zuvor auf die »formalen Implikationen des Inhalts« konzentriert habe, erklärte Sontag, wolle sie nun untersuchen, wie »der Inhalt auf einer bestimmten Idee der Form beruht«.

Sontag, die sich selbst als »streitbare Ästhetin« und »kaum verhohlene Moralistin« bezeichnete, dürfte Wordsworth auch darin zugestimmt haben, dass »wir kein Mitgefühl haben, ohne dass es durch Vergnügen übertragen wird«, und dass »überall, wo wir dem Schmerz Mitgefühl erweisen, man finden wird, dass Mitgefühl durch subtile Verbindungen mit Vergnügen hervorgerufen und weitergetragen wird«. Insofern ist es nicht überraschend, dass, obwohl Sontag entschieden die Vorteile dessen bejahte, was sie »eine pluralistische, polymorphe Kultur« nannte, sie dennoch nie davon abließ, »das Leiden anderer zu betrachten« – wie es im Titel ihres letzten Buches vor ihrem Tod heißt –, und gleichzeitig versuchte, es zu lindern.

1968 reiste sie auf Einladung der nordvietnamesischen Regierung zusammen mit anderen amerikanischen Antikriegs-

aktivisten nach Hanoi, eine Erfahrung, die »zu einer Neube-
wertung meiner Identität, der verschiedenen Formen meines
Bewusstseins, der psychischen Formen meiner Kultur, der Bedeutung von ›Aufrichtigkeit‹, Sprache, moralischer Entschie-
denheit, psychologischer Ausdrucksfähigkeit« führte. Zwei
Jahrzehnte später, zu Beginn der neunziger Jahre, fuhr sie
ganze neun Mal ins zerstörte Sarajevo und verschaffte sich
einen Eindruck von den Leiden der 380 000 Einwohner, die
unter permanenter Belagerung lebten. Bei ihrem zweiten Besuch, im Juli 1993, lernte sie einen in Sarajevo geborenen Thea-
terproduzenten kennen, der sie einlud, mit einigen der besten
Schauspieler der Stadt Samuel Becketts *Warten auf Godot* auf die
Bühne zu bringen. Scharfschützenfeuer und das Krachen der
Mörsergranaten bildeten die Kulisse bei den Proben und den
Aufführungen, die von Regierungsvertretern, Ärzten aus dem
Zentralkrankenhaus, Soldaten von der Front sowie zahlreichen verwundeten und trauernden Bürgern besucht wurden.
»Wer sich ständig davon überraschen lässt, dass es Verderbt-
heit gibt«, schrieb sie in *Das Leiden anderer betrachten*, »wer im-
mer wieder mit Enttäuschung (oder gar Unglauben) reagiert,
wenn ihm vor Augen geführt wird, welche Grausamkeiten
Menschen einander antun können, dem fehlt es an moralischer oder psychischer Reife.« Und an anderer Stelle erklärte
sie einmal: »Wahre Kultur ist ohne Altruismus nicht möglich.«

Ich begegnete Sontag zum ersten Mal Anfang der 1960er Jahre
an der Columbia University in New York, an der sie unterrich-
tete und ich studierte. Drei Jahre lang schrieb ich Beiträge und
war Mitherausgeber der Literaturbeilage des *Columbia Spectator*,
der Tageszeitung des Columbia College, für die sie 1961 einen
Essay über Norman O. Browns *Zukunft im Zeichen des Eros* ge-

schrieben hatte, der später in *Kunst und Antikunst* Eingang fand. Eines Nachmittags fasste ich mir ein Herz und ging zu ihrem Büro, um ihr zu sagen, wie sehr ich den Aufsatz bewunderte. Nach dieser ersten Begegnung trafen wir uns mehrere Male zum Kaffee.

Nach meinem Abschluss am Columbia College 1964 ging ich nach Berkeley, um an der University of California Englische Literatur zu studieren, und fand mich wieder inmitten eines großen sozialen, kulturellen und politischen Aufbruchs. »Welch Glück, in diesem Dämmern am Leben zu sein«, hatte William Wordsworth zwei Jahrhunderte zuvor bei Ausbruch der Französischen Revolution geschrieben. Jetzt erlebten die Menschen erneut eine dramatische Umgestaltung des Lebens. Wohin man auch kam, »there was music in the cafés at night and revolution in the air«, wie Bob Dylan in »Tangled Up in Blue« sang.

Dreißig Jahre später schrieb Sontag im Vorwort zur Neuauflage von *Kunst und Antikunst*: »Wie wundervoll das alles im Rückblick erscheint. Wie sehr man sich wünschte, dass ein wenig von der Kühnheit, dem Optimismus, der Verachtung für den Kommerz überlebt hätte. Die beiden Pole eines ausgeprägt modernen Empfindens sind Nostalgie und Utopie. Das vielleicht interessanteste Merkmal der Zeit, die heute als die sechziger Jahre etikettiert wird, war die Tatsache, dass es so wenig Nostalgie gab. In dem Sinne handelte es sich tatsächlich um einen utopischen Moment.«

An einem Nachmittag im Jahr 1966 begegnete ich Susan zufällig auf dem Campus von Berkeley. Sie war von der Universität zu einem Vortrag eingeladen worden, und ich erzählte ihr, dass ich gerade damit begonnen hatte, für den Sender KPFA ein freies Nachtprogramm zu produzieren und zu moderieren; ich erwähnte auch, dass ich mit meinem Freund Tom Luddy – der wenig später Kurator des Pacific Film Archive wurde – an diesem Abend ein Interview mit dem Regisseur Kenneth Anger über seinen Film *Scorpio Rising* führen würde, und fragte sie, ob sie nicht daran teilnehmen wolle, was sie dann auch tat. (In ihren Tagebüchern nahm Susan später Angers *Inauguration of the Pleasure Dome* in ihre Liste der »Besten Filme« auf.)

1967 entsandte mich der *Rolling Stone*, für den ich auch nach meiner Rückkehr nach New York 1970 weiter arbeiten sollte, als ersten Europa-Korrespondenten nach London. Susan und ich hatten einige gemeinsame Freunde, und in den kommenden Jahren begegneten wir uns gelegentlich, sowohl in New York als auch in Europa, bei Empfängen, Filmvorführungen, Konzerten (Rock und Klassik) und Veranstaltungen im Kampf für die Menschenrechte. Ich hatte Susan immer schon für den *Rolling Stone* interviewen wollen, mich aber nie getraut, sie darauf anzusprechen. Im Februar 1978 hielt ich den Zeitpunkt für gekommen. Ihr vielbeachtetes Buch *Über Fotografie* war im Vorjahr erschienen, und zwei weitere Bücher sollten in Kürze folgen: *Ich, etc.* – eine Sammlung von acht Kurzgeschichten, die sie einmal als »eine Serie von Abenteuern in der ersten Person« beschrieb – und *Krankheit als Metapher*. Susan war zwischen 1974 und 1977 wegen einer Brustkrebserkrankung operiert und behandelt worden, und ihre Erfahrungen als Krebspatientin waren Anlass für dieses Buch gewesen. Als ich mich also endlich dazu durchgerungen hatte, sie zu fragen, ob sie zu einem Interview bereit wäre, und diese drei Bücher als Ausgangspunkt für unsere Unterhaltung vorschlug, sagte sie, ohne zu zögern, zu.

Für einige Schriftsteller ist die Teilnahme an einem Interview in etwa vergleichbar mit der Erfahrung, »seine Zunge vor dem Essen an ein Stromkabel zu halten«, wie der Dichter Kenneth Rexroth einmal nach einer besonders üblen Cocktailparty bemerkte. Italo Calvino sah das ähnlich. In seinem kleinen Text ›Gedanken vor einem Interview‹ klagt er: »Jeden Morgen sage ich mir: Heute muss ein produktiver Tag sein, und dann kommt irgendetwas dazwischen und hält mich vom Schreiben ab. Was ist es denn heute? Ach ja, es kommen Leute für ein Interview. *Gott steh mir bei!*« Noch unwilliger war der Nobelpreisträger J. M. Coetzee, der mitten in einem Interview mit David Attwell erklärte: »Wenn ich nur ein Funken Voraussicht hätte, würde ich mich erst gar nicht mit Journalisten einlassen. Ein Interview ist in neun von zehn Fällen ein Austausch mit einem wildfremden Menschen, dem es gleichwohl aufgrund von Konventionen gestattet ist, die Grenzen des Anstands zu überschreiten, die in einem Gespräch zwischen Fremden normalerweise gelten. […] Für mich aber ist Wahrheit verbunden mit Stille, Nachdenken und dem Schreiben selbst. Das Sprechen ist kein Quell der Wahrheit, sondern nur eine blasse und provisorische Form des Schreibens. Und das vom Richter oder Interviewer geschwungene Florett der Überrumpelung ist kein Instrument der Wahrheitsfindung, sondern ganz im Gegenteil eine Waffe, ein Zeichen für den grundsätzlich konfrontativen Charakter einer solchen Begegnung.«

Susan Sontag war anderer Meinung. »Ich mag Interviews«, sagte sie mir einmal, »und zwar deshalb, weil ich die Unterhaltung, den Dialog, mag und weiß, dass viele meiner Gedanken im Gespräch entstehen. Das Schwerste beim Schreiben ist in gewisser Weise, dass man allein ist und eine Unterhaltung mit sich selbst führen muss, was eine dem Wesen nach unnatürliche Tätigkeit ist. Ich mag es, mit Leuten zu reden – deshalb bin ich auch keine Einsiedlerin –, und Gespräche geben mir die Gelegenheit, herauszufinden, was ich denke. Was *die Leserschaft* denkt, interessiert mich nicht, denn sie ist eine abstrakte Größe, aber mich interessiert sehr wohl, was der *Einzelne* denkt, und dazu bedarf es der Begegnung von Angesicht zu Angesicht.«

In einem Tagebucheintrag von 1965 gelobt Sontag: »Keine Interviews geben, bis ich so klar + autoritativ + direkt klinge wie Lillian Hellman in der *Paris Review*.« Dreizehn Jahre später, an einem sonnigen Nachmittag Mitte Juni, stand ich vor der Tür von Susans Pariser Appartement im 16. Arrondissement. Sie setzte sich auf die eine Couch im Wohnzimmer, ich auf die andere und stellte meinen Kassettenrekorder auf den Tisch in der Mitte. Und während ich ihren klaren, bestimmten und direkten Antworten auf meine Fragen zuhörte, wurde offenbar, dass sie das viele Jahre zuvor gesetzte Ziel erreicht hatte.

Anders als die meisten anderen Menschen, die ich interviewt habe – der Pianist Glenn Gould ist die einzige weitere Ausnahme –, redete Susan nicht in Sätzen, sondern in wohlüberlegten langen Absätzen. Am meisten aber verblüfften mich die Genauigkeit und »moralische und sprachliche Feinabstimmung« – wie sie einmal den Stil von Henry James beschrieb –, mit der sie ihre Gedanken formulierte und entwickelte, das präzise Kalibrieren ihrer Aussagen durch Parenthesen und Einschränkungen (»manchmal«, »gelegentlich«, »normalerweise«, »größtenteils«, »in fast allen Fällen«), der Reichtum und die Geschmeidigkeit ihrer Rede, ein Ausdruck dessen, was die Franzosen *ivresse du discours* nennen – ein Sich-Berauschen am gesprochenen Wort. »Ich bin süchtig nach dem kreativen Dialog«, bemerkte sie einmal in ihren Tagebüchern und fügte hinzu: »Für mich ist es das Medium meiner Rettung.«

Nachdem wir drei Stunden geredet hatten, sagte Susan, sie sei am Abend zum Essen verabredet und müsse sich noch etwas ausruhen. Ich wusste, dass ich ausreichend Material für mein Interview auf Band hatte. Umso überraschter war ich, als sie erklärte, sie würde in Kürze für sechs Monate zurück in ihr New Yorker Apartment ziehen. Es gäbe noch einige Themen, über die sie mit mir reden wolle, ob wir unsere Unterhaltung in New York fortsetzen und zum Abschluss bringen könnten.

Fünf Monate später, an einem kalten Novembernachmittag, besuchte ich sie in ihrem geräumigen Penthouse-Apartment mit Blick über den Hudson River am Riverside Drive, wo sie, umgeben von ihrer achttausend Bücher umfassenden Bibliothek, lebte, die sie »mein persönliches Abfragesystem« und »mein Sehnsuchtsarchiv« nannte. Und an diesem weihevollen Ort saßen wir und redeten bis spät am Abend.

Im Oktober 1979 veröffentlichte der *Rolling Stone* ein Drittel meines Interviews mit Susan Sontag. Hier kann ich erstmals das gesamte Gespräch präsentieren, das ich vor fünfunddreißig Jahren in Paris und New York mit dieser bemerkenswerten und inspirierenden Person führen durfte, deren intellektuelles Credo – als solches habe ich es stets verstanden – mir am bewegendsten in einem kurzen Text von 1996 mit dem Titel »Ein Brief an Borges« ausgedrückt scheint:

> Sie haben gesagt, dass wir der Literatur fast alles schulden, was wir sind und was wir gewesen sind. Wenn Bücher verschwinden, wird die Geschichte verschwinden, und die Menschen werden ebenfalls verschwinden. Ich bin sicher, dass Sie recht haben.

Bücher sind nicht nur die beliebige Summe unserer Träume und unser Gedächtnis. Sie bieten uns auch das Vorbild für Selbsttranszendenz. Manche Leute halten Lesen bloß für eine Art von Flucht: eine Flucht aus der ›wirklichen‹ Welt des Alltags in eine imaginäre Welt, die Welt der Bücher. Bücher sind viel mehr. Sie sind eine Art und Weise, ganz und gar Mensch zu sein.

DAS
ROLLING-STONE-
INTERVIEW

■

Als Sie vor vier Jahren erfuhren, dass Sie Krebs hatten, haben Sie sofort begonnen, über Ihre Krankheit nachzudenken. Das erinnert mich an Nietzsche, der einmal gesagt hat: »Ein Psychologe kennt wenig so anziehende Fragen wie die nach dem Verhältnis von Gesundheit und Philosophie, und für den Fall, dass er selber krank wird, bringt er seine ganze wissenschaftliche Neugierde mit in seine Krankheit.«

Nun, es trifft sicherlich zu, dass mein Kranksein mich dazu gebracht hat, über Krankheit nachzudenken. Ich denke über alles nach, was mir widerfährt. Nachdenken gehört zu den Dingen, mit denen ich mich beschäftige. Wäre ich bei einem Flugzeugabsturz dabei gewesen und die einzige Überlebende, hätte ich vielleicht ein Interesse an der Geschichte der Luftfahrt entwickelt. Ich bin sicher, dass die Erfahrungen der vergangenen zweieinhalb Jahre in meiner schriftstellerischen Arbeit auftauchen werden, wenn auch in verwandelter Form. Aber für den Teil von mir, der Essays schreibt, lautet die Frage nicht: Was erlebe ich?, sondern eher: Wie sieht die Welt kranker Menschen aus? Welche Überzeugungen haben sie? Ich habe meine eigenen Vorstellungen untersucht, weil ich selbst zahlreiche fixe Ideen hatte, ganz besonders über den Krebs.

Ich hatte mich nie ernsthaft mit dem Thema Krankheit auseinandergesetzt. Und wenn man über bestimmte Dinge nicht nachdenkt, ist es sehr wahrscheinlich, dass man Klischees aufsitzt, selbst wenn es gelehrte Klischees sind.

Ich habe mir aber nicht eine Aufgabe gestellt und gesagt: »Also, jetzt bist du krank und wirst darüber nachdenken« – die Gedanken kamen ganz von selbst. Du liegst im Krankenhausbett, und die Ärzte kommen zu dir, und sie haben diese besondere Art zu reden … und du hörst ihnen zu und fängst an, darüber nachzudenken, was sie dir sagen und was es bedeutet, welche Art von Information du bekommst und wie du sie bewerten sollst. Aber dann denkst du auch: Wie merkwürdig, dass Leute so reden, und dir wird bewusst, dass es an all den festen Vorstellungen liegt, die die Welt der Kranken ausmachen. Man kann also sagen, dass ich darüber »philosophiert« habe, obwohl mir der Ausdruck zu hochgestochen erscheint, weil ich große Achtung vor der Philosophie habe. Aber in einem allgemeineren Sinn kann man über alles philosophieren. Ich meine, wenn man sich verliebt, beginnt man ja auch darüber nachzudenken, was Liebe ist, vorausgesetzt natürlich, man neigt zum Nachdenken.

Ein Freund von mir, ein Proust-Spezialist, fand heraus, dass seine Frau eine Affäre hatte. Er war furchtbar eifersüchtig und verletzt, und er erzählte mir, dass er die Passagen bei Proust über die Eifersucht danach mit anderen Augen gelesen und begonnen habe, über das Wesen der Eifersucht nachzudenken und diese Gedanken voranzutreiben. Zuletzt sei er dadurch zu einem völlig neuen Verständnis von Prousts Text und seiner eigenen Erfahrung gelangt. Er litt tatsächlich – sein Leiden hatte nichts Aufgesetztes, und er floh auch ganz gewiss nicht vor der Erfahrung, indem er auf diese Weise über Eifersucht nachzudenken begann. Bis zu diesem Zeitpunkt hatte er echte sexuelle Eifersucht nicht gekannt. Wenn er vorher davon bei Proust gelesen hatte, dann in der Art, wie man etwas liest, das nicht zum eigenen Erfahrungsschatz gehört – erst nachher weiß man, was es bedeutet.

Ich weiß wirklich nicht, ob ich über Eifersucht lesen möchte, wenn ich selbst rasend eifersüchtig bin. Und krank zu sein und darüber in der Weise nachzudenken, wie Sie es getan haben, muss doch eine enorme Anstrengung gekostet haben und Ihnen ein hohes Maß an innerer Distanz abverlangt haben.

Ganz im Gegenteil, es hätte mich enorme Anstrengung gekostet, *nicht* darüber nachzudenken. Es ist die einfachste Sache der Welt, über das nachzudenken, was einem selbst widerfährt. Du liegst im Krankenhaus und denkst darüber nach zu sterben – da hätte es großer Selbstüberwindung bedurft, *nicht* darüber nachzudenken. Viel mehr Kraft hat es gekostet, die Phase zu überstehen, in der ich so krank war, dass ich überhaupt nicht arbeiten und mein Buch *Über Fotografie* fertigstellen konnte. Das hat mich rasend gemacht. Als ich endlich wieder arbeiten konnte, also sechs oder sieben Monate nach der Krebsdiagnose, hatte ich die Essays über Fotografie immer noch nicht abgeschlossen, obwohl ich das ganze Buch in meinem Kopf hatte und mich nur hätte hinsetzen müssen, um es sorgfältig und in einem ansprechenden, lebendigen Stil niederzuschreiben. Aber es machte mich wahnsinnig, über etwas zu schreiben, zu dem ich in diesem Moment keinen Bezug hatte. Ich wollte ausschließlich *Krankheit als Metapher* schreiben, weil die Ideen zu diesem Buch schon im ersten oder zweiten Monat nach meiner Erkrankung alle da waren. Ich musste mich wirklich zwingen zur Arbeit an dem Fotografie-Buch.

Sehen Sie, ich möchte in meinem Leben vollkommen präsent sein – genau dort sein, wo ich gerade bin, ganz bei mir selbst sein, meine volle Aufmerksamkeit auf die Welt richten, die auch mich einschließt. Du bist nicht die Welt, die Welt ist nicht mit dir identisch, aber du bist in ihr und schenkst ihr deine Aufmerksamkeit. Das ist die Tätigkeit des Schriftstellers – der Schriftsteller schenkt der Welt seine Aufmerksamkeit. Ich bin entschieden gegen die solipsistische Auffassung, dass alles in unseren Köpfen stattfindet. Das stimmt nicht, es gibt eine äußere Welt, ob man sich in ihr bewegt oder nicht. Und wenn ich eine gewaltige Erfahrung durchlebe, ist es für mich sehr viel leichter, mein Schreiben auf das zu richten, was mir gerade widerfährt, als davon Abstand zu nehmen und mich mit etwas ganz anderem zu beschäftigen, weil ich mich dafür in zwei Teile aufspalten müsste. Die Leute sagen, ich müsse unbeteiligt gewesen sein, um *Krankheit als Metapher* zu schreiben, dabei war ich alles andere als unbeteiligt.

Wäre »distanziert« der passendere Ausdruck? Mir ist aufgefallen, dass dieses Wort recht häufig und in unterschiedlichen Zusammenhängen in Ihren Schriften auftaucht, beispielsweise in Ihrem Essay ›Über den Stil‹, wo Sie sagen: »Alle Kunstwerke basieren auf einer gewissen Distanz zu der erlebten Wirklichkeit, die in ihnen dargestellt wird. […] Grad und Handhabung dieser Distanz, die Konventionen der Distanz, sind es, die den Stil des Werks ausmachen.«

Nein, nicht distanziert. Vielleicht wissen Sie mehr über mein Schreiben als ich … und ich meine das nicht ironisch, denn es ist sehr gut möglich, dass ich den Prozess nicht vollkommen verstehe. Aber ich habe mich ganz und gar nicht distanziert gefühlt. Schreiben ist für mich gewöhnlich keine angenehme Tätigkeit. Es ist sehr ermüdend und zäh, weil ich meine Texte immer wieder überarbeite. Aber obwohl ich ein Jahr warten musste, bis ich mit *Krankheit als Metapher* beginnen konnte, war es einer der wenigen Texte, die ich ziemlich schnell und mit Genuss schrieb, weil ich ihn mit all dem verbinden konnte, was ich Tag für Tag erlebte.

Etwa anderthalb Jahre lang ging ich dreimal in der Woche ins Krankenhaus, ich hörte diese Sprache und sah die Menschen, die Opfer all dieser unsinnigen Vorstellungen waren. *Krankheit als Metapher* und mein Essay über den Vietnamkrieg sind vielleicht die beiden einzigen Texte in meinem Leben, von denen ich wusste, dass sie nicht nur wahr, sondern in einem sehr unmittelbaren Sinn für andere Menschen nützlich und hilfreich sind. Ich weiß nicht, ob mein Buch über Fotografie irgendjemandem nützt, außer in dem ganz allgemeinen Sinn, dass es das Bewusstsein der Leser erweitert und die Dinge komplizierter macht, was in meinen Augen immer gut ist. Aber ich kenne Menschen, die nach der Lektüre von *Krankheit als Metapher* eine vernünftige Behandlung begonnen haben – Menschen, die zunächst lediglich psychologisch betreut wurden und dann eine Chemotherapie machten. Das ist nicht der einzige Grund, warum ich dieses Buch geschrieben habe – ich habe es geschrieben, weil es der Wahrheit entsprach, das empfinde ich auch heute noch so –, aber es ist eine große Freude, etwas zu schreiben, das für andere nützlich ist.

Anknüpfend an Nietzsches Gedanken: »Bei dem einen sind es seine Mängel, welche philosophieren, bei dem andren seine Reichtümer und Kräfte«, scheint mir interessant, dass Sie unter Ihrer Krankheit gelitten haben, Ihre »Mängel« aber nicht zu einem philosophisch hinfälligen Werk geführt haben. Tatsächlich haben Sie etwas geschaffen, das sehr ergiebig und vital ist.

Als es anfing, habe ich gedacht … Nun ja, natürlich hat man mir gesagt, ich würde voraussichtlich nicht mehr lange leben, sodass ich mich nicht nur mit der Krankheit und schmerzhaften Operationen konfrontiert sah, sondern auch mit dem Gedanken, in ein oder zwei Jahren tot zu sein. Und neben dem Grauen und Schrecken und dem körperlichen Schmerz hatte ich furchtbare Angst. Ich hatte Anfälle reinster, elementarer Panik. Aber ich erlebte auch euphorische Momente von gewaltiger Intensität. Ich hatte das Gefühl, etwas Phantastisches zu erleben, als ob ich zu einem großen Abenteuer aufgebrochen wäre – dem Abenteuer, krank zu sein und vermutlich zu sterben. Es ist etwas Außergewöhnliches, in sein eigenes Sterben einzuwilligen. Ich will nicht sagen, dass es eine positive Erfahrung war, weil das billig klingt, aber es gab da zweifellos ein positives Moment.

Ihre Krebserkrankung hat Ihr Denken also nicht »infiziert«.

Nein, denn zwei Wochen nachdem ich die Diagnose bekommen hatte, wischte ich all diese Gedanken beiseite. Zuerst dachte ich: Womit habe ich das verdient? Ich habe ein falsches Leben geführt, ich habe zu vieles unterdrückt. Es stimmt, ich habe vor fünf Jahren großes Leid erfahren, und dies ist die Folge jener schweren Depression.

Dann fragte ich einen meiner Ärzte: »Wie denken Sie über die psychischen Ursachen einer Krebserkrankung?« Und er sagte mir: »Die Menschen haben jahrhundertelang viele absurde Dinge über Krankheiten gesagt, die sich immer als falsch erwiesen haben.« Er hielt also ganz und gar nichts davon. Dann begann ich über Tuberkulose nachzudenken, und die Argumentation des Buches zeichnete sich ab. Und ich beschloss, mich nicht zum Sündenbock zu machen. Ich neige wie jeder andere dazu, mich schuldig zu fühlen, vielleicht sogar mehr als der Durchschnitt, aber ich mag das nicht. Nietzsche hatte recht – Schuld ist etwas Schreckliches. Ich würde ein Gefühl der Scham vorziehen. Sie scheint mir objektiver und hat etwas mit dem eigenen Ehrempfinden zu tun.

In Ihrem Essay über Ihre Reise nach Vietnam sprechen Sie von den Unterschieden zwischen einer Kultur der Scham und einer Kultur der Schuld.

Nun, offensichtlich gibt es da Überschneidungen – man kann Scham empfinden, weil man einen bestimmten Standard nicht erreicht hat. Aber es gibt Menschen, die sich wegen einer Erkrankung schuldig fühlen. Ich persönlich ziehe es vor, mich verantwortlich zu fühlen. Wann immer mein Privatleben durcheinandergerät, etwa weil ich mich mit der falschen Person eingelassen habe oder in irgendeiner Sache mit dem Rücken zur Wand stehe – Dinge, die jedem passieren –, übernehme ich lieber selbst die Verantwortung, als den Fehler bei meinem Gegenüber zu suchen. Ich hasse es, mich als Opfer zu sehen. Ich sage lieber: Nun gut, ich habe mich in diese Person verliebt, die sich im Nachhinein als Biest oder Mistkerl herausgestellt hat. Es war *meine* Entscheidung. Ich halte nichts davon, andere zu verurteilen. Schließlich ist es so viel einfacher, sich selbst zu ändern, als jemand anders zu ändern. Es ist also nicht so, dass ich keine Verantwortung übernehmen möchte, aber ich glaube, wenn man schwer erkrankt, ist das so, als würde man von einem Auto angefahren, und es hat meines Erachtens wenig Sinn, sich darüber Gedanken zu machen, was die Krankheit verursacht hat. Es ist viel sinnvoller, so besonnen wie möglich nach der geeigneten Therapie zu suchen und mit aller Kraft am Leben bleiben zu wollen. Denn wenn man nicht leben will, macht man sich zweifellos zum Komplizen der Krankheit.

Hiob empfand keine Schuld – er war wütend und lehnte sich auf.

Auch ich habe mich aufgelehnt. Aber ich spürte keine Wut, denn da war niemand, gegen den sich diese Wut hätte richten können. Man kann nicht wütend auf die Natur sein. Oder wütend auf die Biologie. Wir alle müssen sterben – es ist sehr schwer, das zu begreifen –, und wir alle erleben diesen Prozess. Es fühlt sich so an, als wäre diese Person – die sich vor allem in deinem Kopf befindet – in einem Körper gefangen, der allenfalls siebzig oder achtzig Jahre lang ein halbwegs annehmbares Leben ermöglicht. Von einem gewissen Moment an beginnt er zu zerfallen, und dann kann man sein halbes Leben lang, wenn nicht sogar noch länger, dabei zusehen, wie sich das Material immer weiter abnutzt. Und man kann nichts dagegen tun. Man ist in seinem Körper eingeschlossen, und wenn er geht, geht man mit. Wir alle erleben das an uns selbst. Wenn man Menschen mit sechzig oder siebzig, die man gut kennt, fragt, wie alt sie sich fühlen, sagen sie, sie fühlen sich wie vierzehn … und dann schauen sie in den Spiegel und sehen dieses alte Gesicht. Also fühlen sie sich wie ein vierzehnjähriger Teenager, eingesperrt in einem alten Körper! Man ist tatsächlich eingesperrt in diesem vergänglichen Zeug. Der Körper bleibt nicht irgendwann stehen wie eine Maschine, die für eine bestimmte Lebensdauer konstruiert ist, sondern er zerfällt langsam, und man kann dabei zusehen, wie er mit den Jahren immer schlechter funktioniert – die Haut wird schlaff, die Dinge geraten durcheinander. Das ist eine sehr traurige Erfahrung.

Wie Shakespeare es ausdrückte: »Ohn' Augen, ohne Zahn, Geschmack und alles.«

Genau. Charles de Gaulle sagte einmal, das Alter sei ein Schiffbruch, und er hatte recht.

Was ist mit all den philosophischen und halbmystischen Versuchen, diesen Dualismus zu überwinden? Bislang haben Sie das Thema aus der Perspektive der persönlichen, alltäglichen Erfahrung behandelt.

Ich glaube, das Gefühl, eingesperrt zu sein, lässt sich nicht überwinden. Es ist der Ursprung aller Dualismen – bei Platon, Descartes oder wem auch immer. Obwohl wir wissen, dass es keiner wissenschaftlichen Analyse standhält, ist es unmöglich, »bei Bewusstsein« zu sein und nicht das Gefühl zu haben, in seinem eigenen Körper zu stecken. Natürlich kann man versuchen, sich mit dem Tod zu arrangieren, und den Schwerpunkt seiner Aktivitäten mit dem Älterwerden auf Dinge verlagern, die weniger körperabhängig sind. Aber es lässt sich nicht leugnen, dass der Körper im Alter weniger attraktiv für andere Menschen ist und auch nicht mehr in einer Weise funktioniert, die man selbst als angenehm empfindet – er wird schwächer und anfälliger.

Der traditionelle Bogen des menschlichen Lebens sieht vor, dass es zu Anfang mehr auf die physischen und zum Ende mehr auf die kontemplativen Tätigkeiten ausgerichtet ist. Aber man darf nicht vergessen, dass diese Option nur wenigen Menschen offensteht und von der Gesellschaft nicht unterstützt wird. Und ebenso muss gesagt werden, dass viele unserer Vorstellungen darüber, was wir in verschiedenen Lebensaltern tun können und was Alter bedeutet, genauso willkürlich sind wie das stereotype Geschlechterdenken. Ich glaube, die Gegenüberstellungen von jung–alt und männlich–weiblich sind vermutlich die wichtigsten Stereotypen. Die Werte, die mit Jugend und Männlichkeit assoziiert werden, werden zum Maßstab gemacht, und alles andere wird als weniger erstrebenswert oder minderwertig betrachtet. Alte Menschen haben ganz furchtbare Minderwertigkeitsgefühle. Sie schämen sich dafür, alt zu sein.

Was man tun kann, wenn man jung ist, und was man tun kann, wenn man alt ist, ist so willkürlich und ohne jede Grundlage wie das, was man als Frau oder als Mann tun kann. Ständig hört man: »Oh, das kann ich nicht machen. Ich bin sechzig. Ich bin dafür zu alt.« Oder: »Ich kann das nicht machen. Ich bin zwanzig. Ich bin zu jung.« Warum? Wer sagt das? Im Leben möchte man sich so viele Optionen wie möglich offenhalten, aber natürlich möchte man auch die Freiheit haben, sich für etwas zu entscheiden. Ich glaube nicht, dass man alles haben kann, sondern, dass man Entscheidungen treffen muss. Viele Amerikaner glauben, alles sei möglich. Das ist etwas, das mir an den Amerikanern gefällt [*lacht*], und in dieser Hinsicht fühle ich mich sehr amerikanisch. Aber es kommt der Moment, an dem man anerkennen muss, dass man etwas nicht länger aufschieben kann und eine Entscheidung treffen muss.

Und was die stereotypen Geschlechterrollen angeht: Gestern Abend war ich mit David [Sontags Sohn David Rieff] an der Universität von Vincennes, auf einer Seminarveranstaltung, und nachher gingen David und ich mit vier Seminarteilnehmern in ein Café. Wie es der Zufall wollte, waren alle vier Frauen. Wir setzten uns an einen Tisch, und eine der Frauen sagte auf Französisch zu David: »Oh, Sie Ärmster, an einem Tisch mit fünf Frauen!« Alle lachten. Und dann sagte ich zu den Frauen, die alle in Vincennes unterrichteten: »Ist Ihnen bewusst, was Sie da sagen und wie wenig Sie offenbar von sich selbst halten?«

Ich meine, können Sie sich eine Situation vorstellen, in der eine Frau mit fünf Männern am Tisch sitzt, und der Mann sagt: »Oh, Sie Ärmste, Sie müssen als einzige Frau mit fünf Männern am Tisch sitzen.«? Die Frau würde sich geehrt fühlen.

Ich frage mich, was David darüber gedacht hat.

Ich bin sicher, wäre er danach gefragt worden, hätte er bloß gesagt: Ach, das schon wieder! [*Lacht.*] Aber tatsächlich weiß ich, dass er von dem mangelnden Selbstwertgefühl und dem Selbsthass der Frauen überwältigt war. Und vergessen Sie nicht, dass es sich um berufstätige Frauen handelte, die sich vermutlich als Feministinnen bezeichnen würden und die sich ganz unbewusst so geäußert haben.

Wenn die Frauen zu David gesagt hätten: »Warum gehen Sie nicht einfach?« – Das wäre die komplementäre Einstellung gewesen.

Ja, sicher.

Auch das wäre keine angemessene Reaktion gewesen.

Allerdings. Ich denke, wie wir bereits gesagt haben, man kann etwas Ähnliches im Umgang zwischen jungen und alten Menschen beobachten. Angenommen, ein junger Mensch in den Zwanzigern – ganz gleich, ob Mann oder Frau – würde sich mit einer Gruppe von Sechzig- oder Siebzigjährigen an einen Tisch setzen. Da könnte einer der Älteren gut sagen: »Wie schlimm für Sie, dass Sie hier mit fünf alten Leuten hocken, das muss furchtbar langweilig für Sie sein!« Der Punkt bei den Frauen ist offensichtlich oder sollte es zumindest sein, aber niemand gibt zu, wie schrecklich und peinlich und erniedrigt und kleinlaut er sich fühlt, weil er alt ist.

Es ist interessant, dass Simone de Beauvoir genau den gleichen Themen und Fragen in ihren Büchern *Das Alter* und *Das andere Geschlecht* nachgeht.

Also, ich finde sie großartig – in Frankreich wird sie laufend heruntergemacht. Auch wenn ich mit einigen Teilen von *Das andere Geschlecht* nicht übereinstimme, halte ich es doch für das beste feministische Buch, das je geschrieben wurde – sie ist der sogenannten feministischen Bewegung weit voraus. Und ich denke, sie war die Erste, die sich mit dem Alter als einem kulturellen Phänomen auseinandergesetzt hat.

Kafka sagte einmal sinngemäß, die Gesunden vertrieben die Kranken, aber die Kranken vertrieben die Gesunden. Es funktioniert also in beide Richtungen, und wenn man einmal solche Dichotomien hat, verstärken sie sich gegenseitig. Wie also entkommt man dieser Falle?

Ich denke, jedes Mal, wenn man eine extreme Erfahrung macht, spürt man eine Art Solidarität mit den Menschen, die die gleiche Erfahrung gemacht haben. Ich weiß, dass ich seit meiner Krankheit sehr viel mehr für die Menschen in meiner Umgebung empfinde, die ein körperliches Handikap haben oder an einer Krankheit leiden. Ich fühle mich auf tiefere Weise mit ihnen verbunden, und ich gehe ihnen nicht aus dem Weg. Das soll nicht heißen, dass ich vorher kein Mitgefühl hatte, aber ich war nicht in der Weise bewegt, wie ich es jetzt bin. Ich bemühte mich damals weniger, zu helfen, als ich es heute tue.

Sie sind heute empathischer.

Ja, weil ich mich jetzt tatsächlich mit diesem Menschen identifizieren kann, und damit, was es bedeutet, hilflos zu sein und nicht allein klarzukommen und Schmerzen zu empfinden. Es gibt da eine Welt voller Tapferkeit und Edelmut, die sehr inspirierend ist. Aber natürlich kenne ich auch kranke Menschen, die ausgesprochen exhibitionistisch, ja sogar sadistisch sein können, indem sie ihre Krankheit dafür einsetzen, über andere zu bestimmen und sie auszunutzen. Ich sage nicht, dass Krankheit einen automatisch zu einem besseren Menschen macht – jede Art von Verhalten ist möglich. Aber wenn man stets gesund gewesen ist und dann diese Erfahrung macht, setzt sie einen, wie Buddha sagt, in eine andere Beziehung zu den Menschen. Das kann so sein – nicht zwingend –, aber es kann. Ohne eigenes Zutun.

In ihren *Tagebüchern* schrieben die Brüder Goncourt: »Krankheit schärft die Beobachtungsgabe, wie eine fotografische Platte.« Dies scheint mir ein besonders faszinierender Satz im Licht einiger Themen, die Sie in *Über Fotografie* und *Krankheit als Metapher* untersuchen.

Es *ist* faszinierend. Vielleicht sollten wir unseren Blick zunächst darauf richten, dass Menschen in unserem Kulturkreis Krankheit mit allen möglichen spirituellen Werten aufladen. Und zwar deshalb, weil sie keine anderen Mittel kennen, etwas aus ihrem Inneren zu extrahieren oder zu schöpfen. In unserer Gesellschaft werden nur noch die banalsten Gefühle zugelassen, alles andere wird unterdrückt. Es gibt kein Bewusstsein mehr für das Heilige oder eine andere Form von Transzendenz, über die Menschen geredet haben, seit sie denken können. Das religiöse Vokabular, mit dem dieser andere Zustand beschrieben wurde, ist verkümmert. Die einzige Art, in der Menschen ihn sich heute noch vorstellen können – und das ist in gewisser Weise ein ganz und gar armseliger Ersatz –, ist vielleicht in Begriffen von »gesund sein« und »krank sein« … genau wie der Gegensatz von heilig und profan, oder der zwischen dem irdischen Staat und dem Gottes.

Wohlgemerkt, es steckt auch etwas Wahres in der Romantisierung von Krankheit. Ich will nicht behaupten, krank zu sein sei nichts anderes als ein hilfloser körperlicher Zustand. Natürlich werden ihm alle möglichen freischwebenden Werte zugeschrieben, die sich festgesetzt haben, weil sie heute harmlos sind. Wir stellen uns vor, uns widerfahre etwas psychologisch, psychisch oder menschlich Außergewöhnliches, wenn wir krank sind, weil wir keine andere Möglichkeit kennen, außergewöhnliche Bewusstseinszustände zu erreichen. Es gibt nicht nur ein menschliches Bedürfnis nach Transzendenz, sondern auch eine menschliche Befähigung zur Transzendenz, zu tieferen Gefühlszuständen, zu einer größeren Empfänglichkeit, die früher mit religiösen Begriffen beschrieben worden ist. Doch dieses religiöse Vokabular ist verlorengegangen, und statt seiner haben wir nun das Vokabular der Medizin und der Psychiatrie. Seit knapp zwei Jahrhunderten werden dem Kranksein alle möglichen spirituellen und moralischen Werte zugeschrieben. Man muss nur etwas weiter zurückgehen und nachlesen, wie früher über Krankheit gedacht wurde: Die Menschen waren krank, aber sie betrachteten das nicht als ein mehr oder weniger großes Unglück, sie dachten auch nicht, dass ihnen etwas Gutes widerfahre oder dass sich eine größere psychische Veränderung vollziehe, bloß weil sie krank waren. Sie mussten nicht die Krankheit bemühen, weil sie über die Jahrhunderte eine Vielzahl anderer Situationen erdacht, institutionalisiert und ritualisiert hatten, in denen diese Dinge geschehen konnten – zum Beispiel das Fasten, das Gebet oder willentliches physisches Leiden, wie im Märtyrertum. All das fehlt uns heute: Die einzigen Phänomene, denen nach dem Zusammenbruch der Religion noch spirituelle Werte zugeschrieben werden, sind Kunst und Krankheit.

In *Krankheit als Metapher* schreiben Sie: »Theorien darüber, dass die Krankheit durch Geisteszustände verursacht und durch Willenskraft geheilt werden könne, sind stets ein Indiz dafür, in welchem Maße man sich über das physische Terrain einer Krankheit im Unklaren ist.«

Seit dem achtzehnten Jahrhundert gibt es, beginnend mit Leuten wie Mesmer in Frankreich, einen modernen Spiritualismus in allen möglichen Varianten, von denen einige religiös, andere medizinisch geprägt waren – Mesmer, zum Beispiel, trat als Arzt auf. Diese Bewegungen leugnen die Existenz von Krankheit und sagen, grob gesprochen, das alles finde nur im Kopf statt. Oder es sei etwas Spirituelles. Mesmerismus, die sogenannte Christliche Wissenschaft oder psychologische Krankheitstheorien sind letztlich alle gleich: Sie verwandeln Krankheit in etwas Mentales oder Immaterielles, und sie alle leugnen die Existenz von Krankheit.

Eins der Dinge, die ich bei meinem Aufenthalt in der Welt der Kranken entdeckte, ist beispielsweise die Tatsache, dass die meisten Menschen keinerlei Verständnis für die Wissenschaft haben, oder Achtung, außer in einem ganz primitiven Sinne, nämlich als Zauberkunst. Die Wissenschaft hat in unserer Gesellschaft den furchtbaren Ruf, nur Böses hervorzubringen. Natürlich kann alles missbraucht werden, jede Errungenschaft, Entdeckung oder jedes Werkzeug. Aber ich denke, so grässlich die medizinische Zunft auch ist – so manipulativ, oberflächlich, korrupt und materialistisch sie in unserer Gesellschaft auftritt –, ein Mensch, der ernsthaft erkrankt ist, hat in einer großstädtischen Klinik eine sehr viel größere Chance, vernünftig behandelt zu werden, als wenn er zu einem Medizinmann geht.

Natürlich können Menschen auch durch die Kraft der Suggestion geheilt werden, aber die meisten von uns haben ein zunehmend komplexes Bewusstsein, und wir scheinen weniger gut darauf zu reagieren als Menschen in einfacheren Gesellschaften, in denen die traditionelle, volkstümliche Medizin wirksame Heilmittel bietet. Zahlreiche Heilkräuter haben eine wissenschaftlich eindeutig nachweisbare Wirkung. Eine wichtige Form der Chemotherapie, beispielsweise, basiert auf Pflanzen, die in vielen sogenannten primitiven Kulturen zur Behandlung von Krebs verwendet wurden.

Dennoch, ich glaube an die wissenschaftliche Erkenntnis und den Fortschritt, daran, dass der menschliche Körper ein Organismus ist, den man studieren und entschlüsseln kann. Die Entschlüsselung des genetischen Codes ist die bedeutendste wissenschaftliche Entdeckung unserer Zeit und wird vielfach Anwendung finden, vermutlich auch bei der Behandlung von Krebskranken. Die Menschen wissen heute auf medizinischem Gebiet viel mehr als noch vor einhundert Jahren, und was sie wissen, ist wahr.

Wie beurteilen Sie die Haltung, dass man selbst für seine Krankheit verantwortlich ist – ein Argument, wie man es von einigen Anhängern von est hört [einem von Werner Erhard entwickelten Gruppentrainingsprogramm]?

Ich möchte mich so verantwortlich wie möglich fühlen. Wie bereits gesagt, hasse ich das Gefühl, Opfer zu sein. Man macht sich damit keine Freunde, und es ist sehr unangenehm. Vielleicht ist das vermessen, aber ich möchte meine Autonomie ausweiten und in Freundschaften und Partnerschaften die Verantwortung für die guten wie die schlechten Dinge übernehmen. Ich mag die Einstellung nicht, wenn jemand sagt: »Ich war großartig, aber der andere hat alles ruiniert.« Selbst wenn das manchmal der Wahrheit entspricht, habe ich mir immer gesagt, dass ich für die schlechten Dinge, die mir zugestoßen sind, zumindest mitverantwortlich bin, weil ich mich dadurch stärker fühle und mir vorstellen kann, es könnte auch anders sein. Deshalb ist mir diese Haltung sehr sympathisch.

Es gibt jedoch Situationen, in denen diese Haltung in die Irre führt. Wenn man von einem Wagen angefahren wird, ist man sehr wahrscheinlich nicht dafür verantwortlich. Und wenn man erkrankt, ist man dafür auch nicht verantwortlich. Dinge wie Mikroben und Viren und genetische Defekte existieren einfach. Ich glaube, es gibt in unserer Gesellschaft eine Art demagogische Vorstellung, eine Vorstellung, die die Leute von den Bereichen, in denen sie tatsächlich Verantwortung übernehmen könnten, wegführt oder ablenkt. Und ich staune sehr darüber, dass alles Denken in diese Richtung so antiintellektuell ist – die meisten Menschen, die von psychologischen Krankheitstheorien beeindruckt sind, halten nichts von Wissenschaft. Zu den Grundsätzen von est gehört unter anderem, niemals *aber* zu sagen. Man solle Wörter wie *aber* und andere einschränkende Konjunktionen aus seinem Sprachgebrauch streichen und ausschließlich in affirmativen Sätzen reden, denn immer wenn man *aber* sagt, verfange man sich in einer Art Knoten. Deshalb solle man auch niemals *einerseits x, andererseits y* sagen. Dabei ist *aber* das wesentliche Element des Nachdenkens ...

Genauso wie *entweder ... oder.*

Richtig. All diese Dinge.

Es mag sich um eine erfundene Geschichte handeln, aber jemand hat mir mal von einem Mann erzählt, der alle Formulierungen und Gedanken mit *entweder ... oder* so entschieden ablehnte, dass er sich Und/oder nannte!

Das sind Tricks, die einer Lobotomie gleichkommen, und ich denke, sie dienen vor allem dazu, selbstsüchtiger und egoistischer sein zu können, nur noch an den eigenen Vorteil zu denken und sich rücksichtslos über die Bedürfnisse anderer hinwegzusetzen. Denn wenn es um die Frage *ich oder der andere* geht, lautet die Antwort selbstverständlich *ich.* Ich glaube, es gibt den Leuten schlichtweg ein Gefühl der Überlegenheit oder Sicherheit in ihrem Leben, und das ist eine schreckliche Vereinfachung. Wie ich vorhin sagte, gehe ich davon aus, dass Krankheiten physische Ursachen haben. Natürlich würde das einen Vertreter der Christlichen Wissenschaft nicht überzeugen, der sagt: »Ich glaube einfach nicht, dass Krankheit und

Tod real sind.« Solche Vorstellungen ranken sich um Krankheiten, deren Ursachen Medizin oder Wissenschaft nicht erschöpfend benennen können und, noch wichtiger, für deren Behandlung sie keine effektiven Methoden anbieten.

Die Tuberkulose ist ein besonders interessantes Beispiel, weil ihre Ursache 1882 entdeckt wurde, eine wirksame Behandlung aber erst 1944. Der ganze Aufwand, die Leute in Sanatorien zu schicken, führte zu keinerlei Verbesserung. Die Mythen und Hirngespinste über TB – etwa Es-ist-bloß-verdrängte-Liebe im *Zauberberg* oder Kafkas Es-ist-bloß-der-physische-Ausdruck-meiner-geistigen-Zerrüttung – begannen zu verschwinden, als kaum noch jemand an Tuberkulose starb. Selbst wenn man die Ursache für Krebs entdeckt: Solange es keine Heilverfahren gibt, werden die Mythen weiter wuchern.

In Ihrem Buch erweist sich die Tuberkulose-Metapher, ungeachtet der Tödlichkeit der Krankheit, als ausgesprochen klangvoll und suggestiv. So zeigen Sie, dass die Romantisierung der Metapher der Selbststilisierung dient, dass die literarischen und erotischen Vorstellungen, die unter dem Begriff »Schwarze Romantik« zusammengefasst werden, sich von dieser Metapher ableiten, die diejenigen, die unter Tuberkulose litten, »kultivierter«, kreativer und sogar schick erscheinen ließ. Die Krebs-Metapher hingegen steht unweigerlich für den Tod.

Krebs ist eine sehr mächtige Metapher, und es stimmt, dass der Krebs nicht diese gegensätzlichen Assoziationen suggeriert. Er ist unstrittig eine Metapher für das Böse und nicht auch eine Metapher für etwas Positives. Diese Metapher hat allerdings eine enorme Anziehungskraft. Wenn die Menschen über etwas reden, was sie von Grund auf hassen oder fürchten oder verteufeln – und nicht wissen, wie sie das Böse ausdrücken sollen –, ist eine Metapher oft die einfachste und attraktivste Art, eine Vorstellung von Unheil zu vermitteln, eine Vorstellung dessen, was man entschieden zurückweist.

Ich wollte Sie nach der Illustration fragen, die Sie für den Buchumschlag von *Krankheit als Metapher* gewählt haben. Es handelt sich um einen Kupferstich aus der Schule von Mantegna, der Herkules im Kampf mit der Hydra zeigt. In der griechischen Mythologie musste Herkules zwölf Aufgaben bewältigen, als Sühne für die Ermordung seiner Frau und Kinder. Seine zweite Aufgabe war, diese giftige, vielköpfige Wasserschlange zu töten. Einer symbolischen Deutung nach war jede seiner Aufgaben mit einem Tierkreiszeichen verbunden, um Herkules' Stellung als Himmelsgott zu unterstreichen. Und in dieser Deutung war die Hydra verknüpft mit dem Sternbild des Krebses. Als ich das las und an den Umschlag Ihres Buches dachte, war ich vollkommen verblüfft.

Mir ging es genauso, denn ich wusste nichts von der symbolischen Bedeutung der Taten des Herkules. Als feststand, dass ich den Umschlag für das Buch aussuchen sollte, habe ich mir alle möglichen Bilder angesehen – vor allem die naheliegenden Sachen, also Vesalius [Andreas Vesalius' *De Humani Corporis Fabrica*, ein siebenbändiges anatomisches Lehrbuch aus dem sechzehnten Jahrhundert], jede Menge medizinischer Drucke und Farbfotografien von anatomischen Wachsmodellen aus einem Medizinmuseum in Bologna, die ich gesammelt habe. Ich habe geblättert, geblättert, geblättert … und dann stieß ich auf dieses Bild, es sprang mich geradezu an. Ich habe keinerlei Recherchen betrieben, und mir kam auch nie der Gedanke, herauszufinden, was das Bild bedeutet – ich wusste nicht einmal, dass es eine der zwölf Aufgaben des Herkules darstellt. Es war eine rein intuitive und willkürliche Wahl. Ich wusste bloß, dass es das Umschlagbild für mein Buch sein würde.

Was hat Sie daran angesprochen?

Zunächst einmal fand ich die Gestalt des Mannes unbeschreiblich schön. Ich glaube, unsere Reaktionen sind meist sinnlich und letztlich kinetisch. Die Darstellung des menschlichen Körpers hat etwas unendlich Bewegendes, wenn eine Schulter auf gleicher Höhe oder höher als der Kopf ist – ich glaube, das repräsentiert große Verletzlichkeit, Leidenschaftlichkeit und Stärke. Immer wenn ich eine Zeichnung sehe, auf der jemand mit gesenktem Kopf und einer hochgezogenen Schulter zu sehen ist, spüre ich ein Stechen. Und dann sind da dieser Umhang und der geöffnete Mund und der perspektivisch verkürzte Körper. Er ist sehr jung dargestellt, und es scheint so, als ob er schliefe … und sein Gesichtsausdruck hat etwas sehr Erotisches, beinahe so, als erlebte er gerade einen Orgasmus. Und dann weiß man nicht, wohin seine Augen schauen – es ist fast so, als wären sie nach innen gekehrt. Man kennt die zahllosen Darstellungen des heiligen Georg im Kampf mit dem Drachen – stets ist da diese steife, martialische Geste, die den erhobenen Arm des Heiligen zeigt, das Schwert bereit zum Stoß. Doch obwohl auch Herkules sein Schwert in die Höhe hält, greift die Hydra *ihn* an, und man hat das Gefühl, als würde er den Schlag nicht ausführen können, bevor die Schlange ihn in die Seite beißt. Für mich vermittelt das Bild deshalb eine Mischung aus Verletzlichkeit und Leidenschaft.

Es ist interessant, dass das intuitiv ausgewählte Bild für Ihr Buchcover diese astrologischen Bezüge besitzt und außerdem symbolisch die Vorstellung nahelegt, Herkules befreie sich in seinem Ringen nach Unsterblichkeit aus den Fängen der Hydra.

Ich glaube, in dieser Hinsicht war meine einzige Assoziation mit der Hydra die Vorstellung, dass der Krebs einer Hydra ähnelt – man schlägt einen Kopf ab, und zwei neue wachsen nach.

Was Sie sagen, erinnert mich an Roland Barthes' Begriff der »unendlichen Chiffre«.

Ja. Und wissen Sie, als ich den Schluss von *Krankheit als Metapher* schrieb, hatte ich plötzlich das Gefühl, als würde ich die These von *Gegen Interpretation* wiederaufgreifen, denn in gewisser Weise besagt der Essay genau das: Versucht nicht, Krankheit zu interpretieren. Macht nicht aus einer Sache eine andere. Ich habe nie behauptet, man solle nicht versuchen, etwas zu erklären oder zu verstehen, aber man soll nicht meinen, die wahre Bedeutung von x sei y. Man lasse nicht von der Sache selbst ab, denn ihre Existenz ist eine Tatsache. Krankheit ist Krankheit.

Übrigens habe ich eine Metapher in dem Buch ausgelassen. In der Moderne hat man die der Tuberkulose zugeschriebenen Attribute aufgesplittet – die positiven, romantischen Attribute sind auf die Geisteskrankheit übertragen worden und alle negativen Attribute auf den Krebs. Aber es gibt noch eine Metapher dazwischen, die eine genauso interessante Karriere hat wie die Tuberkulose, nämlich die Syphilis, weil auch die Syphilis eine positive Seite hatte. Syphilis war nicht nur mit der Vorstellung von Schuld beladen, weil sie mit unerlaubter sexueller Aktivität verbunden war und weil sie so sehr gefürchtet und moralisch verurteilt wurde, sondern sie war auch mit Geisteskrankheit verknüpft. Sie bildet gewissermaßen das Bindeglied zwischen der Tuberkulose und der Übertragung ihrer Attribute auf die Geisteskrankheit auf der einen und dem Krebs auf der anderen Seite.

Im späten neunzehnten und frühen zwanzigsten Jahrhundert vermutete man bei jedem, der sich auffallend verhielt und euphorische Ausbrüche zeigte – das, was die Franzosen *exalté* nennen –, eine Syphiliserkrankung. Eltern ließen ihre einundzwanzigjährigen Söhne auf Syphilis untersuchen, wenn sie anfingen, deutlich schneller zu reden, nicht schlafen konnten und voller Tatendrang und phantastischer Pläne waren.

Das hört sich nach Speed an.

Ja, genau. Wie eine Art Speed. Dieses Verhalten gilt als typisch für Leute mit Syphilis. In Thomas Manns *Doktor Faustus* etwa findet man die Vorstellung, dass Syphilis der Preis sei, den man für Genialität zu zahlen habe. Damit übernimmt sie einige der Eigenschaften, die früher der Tuberkulose zugeschrieben wurden. Natürlich führt die Syphilis zu Wahnsinn, Leiden und schließlich zum Tod, aber zwischen dem Anfang und dem Ende widerfährt einem etwas Großartiges. Man erlebt eine Art Explosion im Kopf und kann Großes leisten. Nietzsche, de Maupassant – alle, die damals Syphilis hatten, starben daran. Aber sie erlebten diese Zustände höchster geistiger Erregung, die zur Genialität gehören oder sie hervorrufen. Also hatte die Syphilis auch eine romantische Seite, als eine Krankheit, die einem ein oder zwei Jahrzehnte höchst intensiver und frenetischer geistiger Aktivität gewährte, bevor man zusammenbrach und in völliger Umnachtung versank. Aber das war selbstverständlich ebenso sehr der Tatsache geschuldet, dass diese Menschen echte Genies waren, wie ihrer Syphiliserkrankung. Im Hinblick auf den Krebs aber gibt es nichts dergleichen.

Und was ist mit Leukämie?

Ja, Leukämie ist der einzige Teil der Krebs-Metapher, der romantischen Vorstellungen Vorschub leistet. Wenn Krebs eine romantische Krankheit sein kann, dann in der Form von Leukämie.

Was die romantische Aura angeht, braucht man nur an Erich Segals Love Story oder den Film *Bobby Deerfield* denken.

Richtig. Aber denken Sie auch an den Pianisten Dinu Lipatti und seinen letzten Auftritt 1950 in Besançon – ich bin sicher, Sie kennen die Aufzeichnung dieses Konzerts –, als er auf die

Bühne getragen werden musste und diese überirdische Musik spielte. Zweieinhalb Monate später starb er. Dinu Lipattis Leukämietod entsprach dem durch Tuberkulose verursachten Tod Paganinis, der bei jedem seiner letzten Auftritte auf der Bühne blutete. Ja doch, Leukämie ist die romantische Form von Krebs. Vielleicht liegt es auch daran, dass dieser Krebs nicht mit einem Tumor assoziiert wird – man kann keinen Tumor im Blut haben. Es gibt nicht diese Vorstellung, dass da etwas in einem wächst … dabei ist genau das der Fall, denn bei einer Leukämieerkrankung hat man neun Milliarden statt zwei Milliarden weißer Blutkörperchen – es kommt zu einer Vermehrung der Zellen, die aber nicht die Form eines Tumors annimmt, und es gibt keine Möglichkeit einer Operation und auch keinen Gedanken an Verstümmelung oder Amputation, der mit der Angst vor Krebs verbunden ist. Sie haben recht, vielleicht habe ich die Leukämie in *Krankheit als Metapher* nicht ausreichend gewürdigt.

In Ihrem Buch betonen Sie die romantische Seite des Wahnsinns. Dennoch habe ich den Eindruck, dass dieser Aspekt des Wahnsinns in den vergangenen Jahren viel von seiner glamourösen Ausstrahlung verloren hat.

Aber glauben Sie nicht, dass die Vorstellungen von R. D. Laing grundsätzlich von vielen Menschen geteilt werden? Dass der wahnsinnige Mensch am Ende doch etwas weiß, was wir nicht wissen, und zu einem besonderen Bewusstsein gelangt ist? Vor kurzem gab es in der *New York Review of Books* einen Aufsatz von Nigel Dennis, einem Autor, den ich sehr bewundere. Es war die Besprechung eines Buches über die Behandlung eines etwa fünf Jahre alten Mädchens namens Nadia [*Nadia: A Case of Extraordinary Drawing Ability in an Autistic Child,* von Lorna Selfe]. Sie war eine brillante Künstlerin – was bei einem handwerklichen Talent selten vorkommt – und konnte zeichnen wie Goya. Sie stammte aus der Provinz, war einfach ein kleines Mädchen, aber sie war autistisch. Das Buch war von einer Psychologin, die schrieb, wie sie mit ihren Kollegen darüber diskutierte, was sie mit ihr machen sollten, und dass ihnen bewusst war, dass Nadia im Fall einer Heilung vermutlich ihre künstlerische Gabe verlieren würde. Nadia wurde geheilt, und jetzt kann sie nicht mehr zeichnen. Nigel Dennis entwickelt in seinem Text die These – die ich hier nur unzureichend wiedergeben kann –, dass man Nadia die Manie und die Fähigkeit zu zeichnen hätte lassen sollen. Obwohl niemand behaupten würde, dass es gut ist, manisch zu sein, ist doch ziemlich offensichtlich, dass ihre Manie eine Funktion ihres Autismus war und dass sie ihre Gabe nur behalten konnte, wenn sie auf irgendeine Weise isoliert war, so wie es durch ihre Manie geschah. Aber Dennis fragt: Ist es nicht wichtiger, dass sie eine große Künstlerin war? Und das war sie ja bereits.

Das erinnert mich an Rilke, der einmal gesagt hat: »Würde ich mir die Teufel austreiben lassen, gingen die Engel möglicherweise mit aus.«

Ja, und zwar deshalb, weil beides zusammengehört. In diesem Fall ist das Mädchen autistisch, und es besitzt eine besondere Gabe, und mit dem einen nimmt man ihm auch das andere. Nadias Gabe war bestimmt nicht eine Folge ihres Autismus, es ist nur so, dass man ihr vermutlich nicht das eine nehmen und das andere lassen kann, wenn man an ihr herumdoktert. In dem Buch heißt es, die Psychologen hielten es für besser, wenn Nadia bei ihrer Familie wäre – ihre Familie konnte überhaupt nicht mit ihr umgehen; täglich fertigte sie Tausende Blätter mit Zeichnungen an. Nigel Dennis hält dem entgegen, dass sie sehr wohl in Gesellschaft war – nämlich in der Gesellschaft von Künstlern! –, und führt als Argument an, dass es nur sehr wenige große Künstler auf der Welt gibt.

Ich vermute, in den siebziger Jahren stand man den Vorstellungen von Nigel Dennis eher irritiert, wenn nicht gar feindselig gegenüber, genau wie einer ganzen Reihe von Ideen, die Ende der sechziger Jahre aufkamen.

Lassen Sie uns über diese Einteilung in Jahrzehnte reden, denn ich habe den Eindruck, dass es ein furchtbarer Fehler ist, in Kategorien wie die fünfziger, sechziger und siebziger Jahre zu denken. Das sind Mythen. Bald müssen wir uns ein neues Konzept für die achtziger Jahre ausdenken, und ich bin sehr gespannt darauf, was die Leute sich einfallen lassen. Dieses ganze Gerede über Dezennien ist furchtbar ideologisch.

Heute glaubt man, sämtliche Hoffnungen und Anstrengungen der sechziger Jahre seien mehr oder weniger gescheitert und konnten auch gar nicht funktionieren. Aber wer sagt, dass sie nicht funktionieren können? Wer sagt, dass mit Außenseitern etwas nicht stimmt? Die Welt sollte doch auch für Menschen an ihrem Rand ein sicherer Ort sein. Eines der wesentlichen Merkmale einer guten Gesellschaft sollte sein, Randexistenzen zu tolerieren. Das Schlimme an Ländern, die sich kommunistisch nennen, ist, dass sie keine Aussteiger oder

Außenseiter dulden. In jeder Gesellschaft sollte es möglich sein, dass Leute auf dem Bürgersteig sitzen, und es war eine der schönsten Entwicklungen der sechziger Jahre, dass viele Menschen sich für einen Platz am Rand der Gesellschaft entschieden und die anderen nichts dagegen hatten. Ich denke, wir müssen nicht nur marginale Existenzen und Formen des Bewusstseins zulassen, sondern ebenso alles Ungewöhnliche und Abseitige. Ich bin entschieden für Abweichler. Natürlich weiß ich auch, dass nicht jeder seinen eigenen Weg gehen kann – selbstverständlich müssen die meisten sich für eine Existenz irgendwo in der Mitte entscheiden. Aber warum werden wir immer bürokratischer, normierter, repressiver und autoritärer, statt den Menschen größere Freiheiten zu lassen?

Das sehe ich genauso. Ich habe Mitte der sechziger Jahre in der San Francisco Bay Area gelebt, und das kam meiner Vorstellung eines Lebens im Paris Apollinaires oder im Moskau Majakowskis ziemlich nahe. Ich schätze mich glücklich, dass ich diese Zeit an diesem Ort erleben durfte. Manchmal denke ich, dass wir uns ein Leben am Rand nicht mehr leisten können, und es kommt mir so vor, als gäbe es nur noch wenige kleine Refugien außerhalb der Zeit wie Banff oder Goa oder Ibiza, in denen Menschen den Geist von damals wachzuhalten versuchen.

Ach, kommen Sie, Sie können immer noch ins Med gehen [das Caffee Mediterraneum in Berkeley, Kalifornien]! Es gibt immer noch Leute auf der Telegraph Avenue, genau wie auf der Rue St.-André-des-Arts. Ich denke, es liegt eher daran, dass *Sie* sich verändert haben. Sie sind zehn Jahre älter, haben als freiberuflicher Journalist jede Menge Arbeit, und vielleicht lässt nichts so sehr wie Arbeit dieses andere Leben weniger attraktiv erscheinen.

Ich selbst sehe mich nicht als Aussteigerin, weil mir wenig daran liegt, auf dem Bürgersteig zu sitzen und Drogen zu nehmen – ich bin zu rastlos, und ich möchte meine Rastlosigkeit nicht loswerden. Ganz im Gegenteil, ich möchte noch viel rastloser sein, noch mehr Energie haben und noch umtriebiger sein. Wenn ich eine Randexistenz sein möchte, dann in dem Sinne, dass ich viele Sachen ausprobieren will, von denen ich keine wirklich zu Ende bringe [lacht], aber keine Randexistenz in dem Sinne, dass ich mich ausklinke, weil die Konkurrenz so hart ist. Ich weiß, es gibt einen erbarmungslosen Konkurrenzkampf, aber es ist ein Teil meiner Anstrengungen, mir eine Existenz am Rand zu sichern, indem ich das, was ich erreicht habe, wieder zerstöre und etwas Neues versuche. Sobald ich sehe, dass etwas funktioniert, verliere ich das Interesse daran.

Der grundsätzliche Unterschied ist die Aufgabe der Illusion, viele Menschen dächten wie man selbst. Heute ist man auf seine Position als Einzelkämpfer zurückgeworfen. Aber ich habe nicht das Gefühl, dass sich mein Denken verändert hat. Die ganzen sechziger Jahre hindurch war ich entsetzt über den Antiintellektualismus der Hippies und der klugen Leute, mit denen ich Schulter an Schulter für verschiedene politische Ziele gekämpft habe. Ich konnte es nicht ertragen, wie geistfeindlich sie waren, und ich denke, diese Leute sind es auch heute noch.

Ich erinnere mich, dass der Schriftsteller und Aktivist Paul Goodman in den Sechzigern zu Vorlesungen an die Universitäten kam, und die Studenten sagten: Lasst uns alles niederreißen. Aber er entgegnete: Nein, es gibt hier wunderbare Dinge, die wir als Ressourcen nutzen sollten. Man hielt ihn für einen altmodischen Kauz. Sie denken wohl ähnlich wie Goodman damals.

Das stimmt. Dieser ganze Angriff auf die Professionalität – was haben wir denn außer Professionalität? Gut in dem zu sein, was wir tun, und unsere Möglichkeiten ernsthaften und befriedigenden Arbeitens zu erweitern?

Jemand hat mir mal gesagt, Sie läsen jeden Tag ein Buch.

Ich lese sehr viel, das meiste davon ziemlich gedankenlos. Ich lese gern so, wie andere Leute fernsehen, und nicke darüber ein. Wenn ich deprimiert bin, nehme ich mir ein Buch und fühle mich besser.

»Blüten und Bücher, die großen Seelentröster«, sagte Emily Dickinson einmal …

Ja. Lesen ist meine Unterhaltung, meine Ablenkung, mein Trost, mein kleiner Suizid. Wenn ich die Welt nicht mehr ertrage, igle ich mich mit einem Buch ein, und dann bringt es mich von allem fort, wie ein kleines Raumschiff.

Meine Lektüre ist alles andere als systematisch. Ich bin froh, dass ich sehr rasch lese. Verglichen mit anderen Leuten, bin ich wohl ein Schnellleser, was den großen Vorteil hat, dass ich sehr viel lesen kann. Aber es hat auch seine Nachteile, insofern ich nicht groß darüber nachdenke – ich schaufle alles nur in mich hinein und lasse es dann irgendwo garen. Ich bin viel ignoranter, als die meisten Leute denken. Wenn ich erklären sollte, was Strukturalismus oder Semiotik bedeuten, könnte ich es nicht sagen. Ich könnte mich vielleicht an ein Bild in einem Satz von Barthes erinnern oder an einen vagen Eindruck, aber ich könnte keine zusammenhängende Darstellung geben. Ich interessiere mich für diese Dinge, aber ich gehe auch ins CBGB's.

Ich glaube ernsthaft an die Geschichte, und das ist etwas, woran heute kaum noch jemand glaubt. Das, was wir tun und denken, sind historische Errungenschaften. Ich habe nur sehr wenige Überzeugungen, aber dies ist gewiss einer meiner Grundsätze: dass beinahe alles, was wir für naturbedingt halten, geschichtlich ist und seine Wurzeln hat – besonders im späten achtzehnten und frühen neunzehnten Jahrhundert, dem sogenannten revolutionären Zeitalter der Romantik –, und wir beschäftigen uns im Wesentlichen immer noch mit Erwartungen und Gefühlen, die zu dieser Zeit formuliert wurden, den Vorstellungen von Glück, Individualität, radikalem sozialen Wandel und Genuss. Uns wurde ein Vokabular gegeben, das zu einem bestimmten geschichtlichen Zeitpunkt entstand. Wenn ich also zu einem Patti-Smith-Konzert ins CBGB's gehe, dann genieße ich, habe teil und lasse mich ein, und das kann ich umso besser, weil ich Nietzsche gelesen habe.

Oder Antonin Artaud.

Ja, aber er ist uns zeitlich noch zu nahe, verstehen Sie? Ich erwähne Nietzsche, weil er vor hundert Jahren von der modernen Gesellschaft gesprochen hat. Schon in den 1870er Jahren hat er vom modernen Nihilismus gesprochen. Was würde er sagen, wenn er in den 1970er Jahren lebte? In den 1870er Jahren war noch vieles von dem intakt, was heute zerstört ist.

Und wie, glauben Sie, steht Patti Smith damit in Verbindung?

Durch die Art, wie sie redet, wie sie auftritt, wonach sie strebt, durch ihr Wesen. Sie ist Teil der heutigen kulturellen Situation, und deren Wurzeln reichen weit zurück. Die Welt zu beobachten und gleichzeitig an der elektronischen, multimedialen, mehrspurigen McLuhan-Welt teilzunehmen und ihre Vorzüge zu genießen ist durchaus miteinander vereinbar. Ich liebe Rock 'n' Roll. Rock 'n' Roll hat mein Leben verändert – ja, ich gehöre zu diesen Leuten! [*Lacht.*] Rock 'n' Roll hat wirklich mein Leben verändert.

Welche Art von Rock 'n' Roll?

Sie werden lachen. Bill Haley and the Comets – für mich war das eine wirkliche Offenbarung. Ich kann Ihnen gar nicht sagen, wie vollkommen abgeschnitten ich als Kind in den 1940er Jahren von populärer Musik war, ich kannte nichts anderes als diese Schnulzensänger, die ich hasste und die mir gar nichts sagten. Und dann hörte ich Johnnie Ray »Cry« singen – auf einer Jukebox – und bekam eine Gänsehaut. Ein paar Jahre später entdeckte ich Bill Haley and the Comets. 1957 ging ich dann als Studentin nach England und hörte einige der frühen Bands, die in Kellern und Klubs spielten und von Chuck Berry beeinflusst waren. Um die Wahrheit zu sagen, Rock 'n' Roll war auch der Grund für meine Scheidung. Ich denke, es waren Bill Haley and the Comets und Chuck Berry [*lacht*], die mich zu dem Entschluss brachten, ich müsse mich scheiden lassen, aus der akademischen Welt aussteigen und ein neues Leben beginnen.

Es waren bestimmt nicht die Zeilen »Get out in that kitchen and rattle those pots and pans / Well, roll my breakfast 'cause I'm a hungry man« aus »Shake, Rattle, and Roll«, die Sie beeindruckt haben!

Allerdings nicht [*lacht*]. Es war nicht der Text, es war die Musik. Vereinfacht gesagt: Ich hörte einen dionysischen Klang, und genau wie in *Die Bakchen* stand ich auf und wollte ihm folgen. Ich meine, ich wusste nicht, was ich wollte – ich würde mich wohl nicht einer Band anschließen –, aber ich wusste, es war wie in der Schlusszeile von Rilkes berühmtem Gedicht [›Archaischer Torso Apolls‹]: »Du musst dein Leben ändern.«

Ich verstand intuitiv. In den späten fünfziger Jahren lebte ich in einer hermetischen akademischen Welt. Ich kannte keinen einzigen Menschen, mit dem ich diese Erfahrungen teilen konnte, und ich sprach auch mit niemandem darüber. Die Leute in meinem Umfeld redeten über Schönberg. Es wird heute viel Dummes über die fünfziger Jahre gesagt, aber es trifft tatsächlich zu, dass es eine strikte Trennung gab zwischen denen, die an der Populärkultur teilhatten, und denen, die sich mit der Hochkultur beschäftigten. Nie bin ich jemandem begegnet, der sich für beides interessierte, was für mich schon immer galt. Ich machte viele Dinge allein, weil es niemanden gab, mit dem ich sie hätte teilen können. Aber dann veränderte sich natürlich alles. Und das war das wirklich Interessante an den sechziger Jahren. Aber jetzt, da die Hochkultur aufgelöst wird, möchte man einen Schritt zurück machen und sagen: He, einen Augenblick mal, Shakespeare ist immer noch der größte Dichter, der je gelebt hat – das sollten wir nicht vergessen.

Sie haben sich einmal als »streitbare Ästhetin« und »kaum verhohlene Moralistin« bezeichnet. Dennoch scheinen viele Leute Ihre moralistische Seite nicht zu kennen. In ihrem Essay über Leni Riefenstahl und das Wesen der faschistischen Kunst schreiben Sie: »Riefenstahls Filme drücken Sehnsüchte aus, deren romantisches Ideal in der Jugend-Rockkultur, der Urschrei-Therapie, der Anti-Psychiatrie, der Dritte-Welt-Bewegung oder dem Glauben an das Okkulte Ausdruck findet.« Das umfasst ein weites Terrain, und ich habe den Eindruck, dass Sie in anderen Zusammenhängen einzelnen Aspekten des romantischen Ideals durchaus positiv gegenüberstehen.

Die Behauptung, der Buddhismus sei die höchste spirituelle Entwicklung der Menschheit, klingt ziemlich überzeugend. Für mich ist der Rock 'n' Roll die höchste Entwicklung der populären Musik. Wenn jemand mich fragt, ob ich Rock 'n' Roll mag, sage ich, ich *liebe* Rock 'n' Roll. Und wenn man mich fragte, ob der Buddhismus eine unglaubliche Entwicklung menschlicher Transzendenz ist, würde ich ebenfalls zustimmen. Aber es ist etwas ganz anderes, über das Interesse unserer Gesellschaft am Buddhismus zu reden. Es ist eine Sache, Punkrock zu hören, und eine andere, die Elemente von S&M, Nekrophilie, Grand Guignol, *Die Nacht der Lebenden Toten, Texas Chainsaw Massacre* zu verstehen, die darin ihren Niederschlag finden. Auf der einen Seite redet man über die kulturelle Situation und die Impulse, die von der Musik ausgehen, und auf der anderen über die Sache an sich. Ich werde den Rock 'n' Roll ganz gewiss nicht aufgeben. Und ich werde auch nicht sagen: Bloß weil Kids mit Vampir-Make-up und Hakenkreuzen herumrennen, ist die Musik schlecht. Weil das der spießigen, konservativen Denkweise entspräche, die gegenwärtig grassiert. Eine solche Haltung ist zu schlicht. Die meisten Leute, die so urteilen, verstehen nichts von dieser Musik, haben dazu keinen Draht und wurden nie sinnlich oder sexuell unmittelbar von ihr angeregt. Genauso wenig möchte ich meine Bewunderung für den Buddhismus wegen seiner Ausprägungen in Kalifornien oder Hawaii aufgeben. Alles wird ständig verdreht, und man muss immer wieder versuchen, das Durcheinander zu entwirren.

Es gibt allerdings tatsächlich einen faschistischen kulturellen Impuls, der um sich greift. Das klassische Beispiel dafür, das allen Beispielen unserer gegenwärtigen Kultur vorangeht, ist Nietzsche. Nietzsche war zweifellos eine Inspiration für den Nazismus, und es gibt in seinen Schriften Stellen, die die Nazi-Ideologie vorwegnehmen und unterstützen. Aber ich werde ihn deshalb nicht fallenlassen, obwohl ich nicht leugnen will, dass es da eine Verbindung gibt.

Würden Sie sagen, dass es so etwas wie eine faschistische Sensibilität gibt?

Ja, ich denke, es gibt eine faschistische Sensibilität, die in ganz unterschiedlichen Zusammenhängen vorkommt. Schon ziemlich früh merkte ich, dass sie sich in zahlreichen Aktivitäten der *New Left* zeigte. Das war sehr verwirrend und etwas, über das man Ende der sechziger und Anfang der siebziger Jahre in der Öffentlichkeit nicht sprechen wollte, als es vor allem anderen darum ging, Amerikas Krieg in Vietnam zu beenden. Aber es war sehr deutlich, dass viele Aktivitäten der *New Left* sehr weit von einem demokratischen Sozialismus entfernt und extrem geistfeindlich waren, was ich für ein Moment des faschistischen Impulses halte – antikulturell und voller Ressentiment und Brutalität und in gewisser Weise nihilistisch. Es gibt Elemente der faschistischen Rhetorik, die auch bei der *New Left* vorkommen. Was natürlich nicht heißen soll, die *New Left* wäre faschistisch, wie es viele Konservative und Reaktionäre nur zu gern behaupten. Dennoch muss man sehr wachsam sein – all diese Dinge sind nicht statisch, sondern entwickeln sich stetig, und es gehört zu unserer Grundbefindlichkeit, in einer äußerst komplexen Situation zu leben. In allem gibt es widersprüchliche Impulse. Man muss seine Aufmerksamkeit immer wieder auf das richten, was widersprüchlich ist, und muss versuchen, die Dinge auseinanderzuhalten und sie in ihrem Kern zu erfassen.

Als Sie vorhin von der sadomasochistischen und nekrophilen Sensibilität sprachen, musste ich an Ihren kontroversen Essay ›Die pornographische Phantasie‹ denken und ihren

wagemutigen Versuch, diese Sensibilität und die damit verbundenen Vorstellungen zu erforschen. In dem Essay scheinen Sie einige für mich recht fragwürdige Behauptungen bezüglich der Natur extremer sexueller Praktiken aufzustellen. Ich muss zugeben, dass ich, vielleicht aus Naivität, dazu neige, dem Gedanken des Psychoanalytikers Wilhelm Reich zuzustimmen, dem zufolge masochistische und sadistische Impulse somatische Wurzeln haben und Funktionen charakterlicher Panzerung und bioenergetischer Stauung sind. In Ihrem Essay jedoch behaupten Sie, dass »die Sexualität, wie gezähmt sie auch sein mag, dennoch eine der dämonischen Mächte im menschlichen Bewusstsein bleibt, die immer wieder verbotene und gefährliche Wünsche in uns weckt, vom Verlangen, einem anderen Menschen willkürlich Gewalt anzutun, bis zu der wollüstigen Sehnsucht nach der Auslöschung des eigenen Bewusstseins, ja selbst nach dem Tode«.

Wissen Sie, ich glaube, es gibt diesen Gedanken bei Reich, der eine Bereicherung für die Psychologie und Therapie ist, nämlich die Idee des Charakterpanzers und die Vorstellung, dass sich Emotionen im Körper als Erstarrung und Sexualfeindlichkeit ablagern. Damit hat er absolut recht. Aber ich denke, er hat das Dämonische im Wesen des Menschen nicht wirklich verstanden und konnte sich Sexualität nur als etwas Wunderbares vorstellen. Natürlich kann sie das sein, aber sie kann auch ein sehr dunkler Ort und Schauplatz des Dämonischen sein.

In Ihrem Essay ›Faszinierender Faschismus‹ beschreiben Sie das Theater von Sadismus und Masochismus mit einer verwirrenden Formulierung: »Die Farbe ist schwarz; das Material ist Leder; der Anreiz ist Schönheit; die Rechtfertigung ist Ehrlichkeit; das Ziel ist Ekstase; die Phantasie ist der Tod.« Ich vermute, ich verstehe das nicht wirklich, weil ich diese lockenden Pforten der Hölle noch nicht durchschritten habe.

Ich verstehe es auch nicht wirklich, weil es nicht Teil meines Lebens ist, aber ich weiß, dass es real ist, und weiß, dass der Grund, warum Leute sich weiterhin Sexualität bloß als angenehm vorstellen können – im erstrebenswertesten Sinn als Nähe, Liebe und Sinnlichkeit –, darin besteht, dass sie nicht bis zum Ende der Sexualität vordringen … und dies vermutlich auch besser nicht tun sollten, weil es ein Spiel mit dem Feuer ist. Aber wenn man bis zum Ende geht, ist es eine sehr viel größere und anarchischere Sache. Deshalb ist Sexualität die ganze Menschheitsgeschichte hindurch so stark reguliert worden. Ich glaube nicht, dass die Leute verstehen, woher das Problem der Unterdrückung rührt. Ich würde die Sache mehr oder weniger umdrehen und behaupten, die meisten Gesellschaften haben die Sexualität genau deshalb in einem beachtlichen Ausmaß unterdrückt, weil die Menschen verstanden, dass sie außer Kontrolle geraten und absolut destruktiv sein kann.

In diesem Zusammenhang muss ich an meine Lieblingsverse von William Blake denken: »Bedenke dies, o sterblicher Mensch, o Wurm von sechzig Wintern / Bedenke das Geschlechtsleben & verbirg dein Antlitz im Staub.«

Ja, es stimmt etwas nicht mit der menschlichen Sexualität [*lacht*]. Sehen Sie, wir sind keine Tiere. An der tierischen Sexualität ist nichts falsch, aber dennoch ist sie irgendwie erschreckend, weil sie rein körperlich und in den meisten Fällen äußerst unangenehm für das weibliche Tier ist. Mit Ausnahme einiger weniger Spezies, wie beispielsweise den Wölfen, die eine Art Familienleben kennen und meist monogam sind, ist Sex in der Regel dieser spontane, willkürliche Akt, der, wie bereits gesagt, für das weibliche Tier äußerst unbefriedigend ist – der reine Reproduktionstrieb. Die menschliche Sexualität ist jedoch etwas völlig anderes, nur scheint sie nicht ganz zu funktionieren – tatsächlich habe ich die menschliche Sexualität einmal als Fehlkonstruktion beschrieben. Die Sexualität auf eine andere Ebene zu heben, sodass sie zu einer emotionalen Angelegenheit wird, funktioniert nicht richtig – das funktioniert nur, wenn sie auf irgendeine Weise kontrolliert oder unterdrückt wird. Kennen Sie den Film *Im Reich der Sinne* von Nagisa Ōshima?

Ja, und ich vermute, ich werde ihn mein Leben lang nicht vergessen. Niemand vergisst die Schlussszene, wenn die Frau den Mann während des Liebesakts stranguliert, seinen Penis abschneidet und sich mit dem blutigen Glied die Worte »Nur wir« auf die Brust schreibt.

Wissen Sie, ich glaube, Ōshima hat recht. Ich glaube, es handelt sich um ein authentisches Erlebnis. Glücklicherweise bleibt es wenigen vorbehalten. Aber es ist eine perfekte Veranschaulichung dessen, was passiert, wenn es keine Schranken mehr gibt. Sie gingen bis ans Ende, und das Ende ist der Tod.

Wenn Wilhelm Reich darüber schreibt, was passiert, wenn der Faschismus diesen destruktiven Impuls aufgreift, entwickelt er einen anderen Begriff von Sexualität als Sie. Seiner Meinung nach wird im Faschismus die durch Unterdrückung sexueller Wünsche entstandene Frustration ausgebeutet. Sie hingegen scheinen der Meinung zu sein, dass gerade weil die menschliche Sexualität an der Wurzel krank ist, der Faschismus sie so leicht ausbeuten kann. Reich würde wohl behaupten, sie sei gesund und könne nur ausgebeutet werden, weil sie sich nicht auf eine gesunde Weise ausdrücken darf. Verstehen Sie, was ich meine?

Aber ich bin ebenfalls der Meinung, dass das stimmt. Ich kenne Menschen, die ein sehr erfülltes, sinnliches, nichtdestruktives, S&M-freies Sexualleben führen. Keinen Moment würde ich behaupten wollen, dass dies unmöglich ist. Tatsächlich ist es nicht nur möglich, sondern auch erstrebenswert. Ich denke bloß, diese Leute gehen nicht bis an die Grenze, und, wie schon gesagt, das sollten sie auch nicht. Anders als Reich glaube ich aber nicht, dass Faschismus vor allem aus unterdrückter Sexualität entsteht, obwohl er in der Vergangenheit eine sehr mächtige sexuelle Rhetorik hatte, die die Menschen ansprach.

Sie haben einmal die faszinierende Beobachtung gemacht, dass die modische Spielerei mit Nazi-Insignien kein Ausdruck von Individualität sei, sondern die Reaktion auf »eine bedrückende Freiheit auf sexuellem Gebiet« und »ein unerträgliches Maß individueller Entfaltungsmöglichkeiten«.

Ja, und ich würde diese Aussage noch um das Phänomen Punk erweitern. Weil die Leute wissen, dass ich gern zu diesen Konzerten gehe, fragen sie mich ständig, wie ich so etwas tun könne, eben wegen der Nazi-Insignien. Aber ich glaube nicht, dass es sich hierbei um ein Wiederaufleben des Faschismus handelt, sondern eher um den Ausdruck eines Wunsches nach starken Gefühlen in einem nihilistischen Kontext. Unsere Gesellschaft ist auf Nihilismus gegründet – Fernsehen ist Nihilismus. Ich meine, Nihilismus ist keine moderne Erfindung irgendwelcher Avantgarde-Künstler. Er steht im Zentrum unserer Kultur.

Wir haben vorhin über den Stich mit Herkules und der Hydra gesprochen, den Sie als Umschlagbild für *Krankheit als Metapher* ausgewählt haben, und ich wollte Sie auch noch nach dem Foto und der Lithographie fragen, die vorne und hinten auf dem Umschlag Ihres Buches *Über Fotografie* zu sehen sind. Auf der Rückseite ist eine Karikatur von Honoré Daumier, die den französischen Fotografen Félix Nadar zeigt, wie er sich aus einem Heißluftballon beugt, um eine Luftaufnahme von Paris zu machen. Diese Karikatur veranschaulicht exemplarisch, wie Sie die Aufgabe des Fotografen als Berichterstatter sehen: »ein Herstellen von Aufzeichnungen über theoretisch alles auf der Welt aus jeder nur möglichen Perspektive«.

Vergessen Sie nicht, dass es damals, im neunzehnten Jahrhundert, noch keine Flugzeuge gab und selbst ein Ballon noch ein äußerst seltenes Transportmittel war. Es handelt sich also um einen gottähnlichen Blick, und es sieht ziemlich gefährlich aus – es scheint so, als könnte Nadar aus dem Ballon stürzen, und das gibt einem ein Gefühl seiner heiklen Lage. Er könnte genauso gut in die Hocke gehen, und ich bin sicher, als er im Ballon aufstieg, um Aufnahmen aus der Luft zu machen, befand sich sein Körper größtenteils unter dem Korbrand. Aber das Auffälligste an dem Bild ist die Art, in der Paris – also die Welt – dargestellt wird. Auf sämtlichen Gebäuden steht das Wort *Fotografie*: Das Bild zeigt also einen Fotografen, der ein Foto von der Fotografie macht!

Vorne auf dem Umschlag ist das Foto einer Daguerreotypie, auf der zwei Personen zu sehen sind, die eine andere Daguerreotypie halten. Auf der Daumier-Lithographie macht der Fotograf ein Bild von der Welt. Und in was wird sie verwandelt? In eine Fotografie. Die Lithographie auf der Rückseite und die Fotografie auf der Vorderseite verweisen beide in Form eines Bildes auf den reflexiven Charakter der Fotografie.

Das vordere Umschlagfoto erinnerte mich an Ihre These: »Kunst ist der verbindlichste Zustand der Vergangenheit in der Gegenwart. Eine Art, Teil der Vergangenheit zu werden, ist es, Kunst zu werden.« Sie haben auch darüber gesprochen, wie die Vergangenheit der Fotografie eine künstlerische Dimension verleiht. Ich lese die Umschlagfotografie so, dass da ein Mann ist, der eine Daguerreotypie in der Hand hält und verträumt und wehmütig nach etwas Ausschau hält, das längst in der Vergangenheit liegt, während die Frau neben ihm geradewegs in die Kamera und in die Zukunft blickt. Es ist ein ungemein suggestives und einprägsames Bild.

Das finde ich auch. Ich habe mir während der Auseinandersetzung mit dem Thema Tausende Fotografien angesehen, und dann stieß ich beim Blättern in einem Buch auf dieses Foto und wusste: Das ist das Cover für *Über Fotografie*. Es sagt in nuce so vieles von dem, worum es in meinem Buch geht – dieses Bild ist so ergiebig. Mir fiel auch gleich auf, wie unterschiedlich die beiden dargestellten Personen sind. Wie Sie schon sagten, der Mann mit dem verträumten Gesichtsausdruck ist derjenige, der die Daguerreotypie fest in Händen hält, während die Frau ihre rechte Hand auf den Rahmen gelegt hat. Man hat nicht das Gefühl, dass sie das Foto wirklich festhält, sie macht es nur aus kompositorischen Gründen, und sie kann hinausblicken, weil sie weniger mit dem Bild verbunden ist. Indem der Mann die Daguerreotypie dicht an sein Gesicht hält, ist er sehr viel enger mit ihr verknüpft und kann nicht in der gleichen Weise aus dem Bild hinausschauen. Ihre beiden Blicke sind also sehr unterschiedlich. Ich weiß nicht, warum sie so oft für ein Paar gehalten werden, es könnten auch Bruder und Schwester sein und die Personen auf der Daguerreotypie ihre Eltern.

Ich hatte die Befürchtung, zu viel in dieser Fotografie »zu lesen«, also die Auseinandersetzung mit einem visuellen Phänomen zu literarisieren.

Nun, ich denke, es ist ein gebräuchlicher Ausdruck – Fotografien zu lesen. Auch das ist eine Metapher, und die Idee, ein Foto zu lesen, trägt jede Menge Ballast mit sich. Aber es stimmt, dass Fotografien die Aufmerksamkeit des Betrachters auf bestimmte Art entlohnen und er mehr und mehr auf ihnen entdecken kann. Manchmal betrachte ich eine Fotografie zum wiederholten Mal und entdecke etwas, das mir zuvor nicht aufgefallen ist. Natürlich habe ich es auch vorher schon gesehen, in dem Sinn, dass das Auge das komplette Bild wahrnimmt, aber eben nicht richtig, weil ich mich nicht darauf konzentriert habe.

In Ihrem Buch beschreiben Sie das Wesen der Fotografie mit Wörtern wie *polymorph, polyvalent, pluralistisch, um sich greifend, distanzierend* und *verzehrend*, und Sie identifizieren sie mit einer im Überfluss schwelgenden, verschwenderischen und rastlosen Art der Weltbetrachtung. Wieder und wieder benutzen Sie im Zusammenhang mit Fotografien folgende Verben: *usurpieren, wegsperren, Besitz ergreifen, unterwerfen, bevormunden, gefangen nehmen, ausbeuten, sammeln* und *aggressiv vereinnahmen.*

Ja, aber es fallen auch viele andere Wörter: *faszinieren, fesseln, bannen, inspirieren, verzaubern.* Ich möchte auf den Ausdruck *aggressiv vereinnahmen* zurückkommen, den Sie erwähnt haben und der mir viel Kritik eingebracht hat. Zu sagen, dass etwas aggressiv ist, bedeutet für mich nichts grundsätzlich Schlechtes. Vielleicht bin ich davon ausgegangen, das würde so verstanden, aber jetzt sehe ich, dass *Aggression*, ziemlich scheinheilig, nur in einem sehr negativen Sinne verwendet wird. Ich sage deshalb »scheinheilig«, weil diese Gesellschaft sich in einem immensen Ausmaß aggressiv gegenüber der Natur und anderen Seinsordnungen verhält. Zu leben ist ein aggressiver Akt. Wenn man sich in der Welt bewegt, ist man auf allen möglichen Ebenen in Aggressionen verstrickt, man besetzt einen Raum, den andere nicht besetzen können, man tritt unweigerlich auf Pflanzen und winzige Lebewesen. Es gibt also eine alltägliche Aggression, die zum Rhythmus des Lebens gehört. Ich denke, der Gebrauch einer Kamera stellt eine spezifisch moderne Form erhöhter Aggressivität dar, wenn man etwa zu jemandem sagt: »Nicht bewegen!«, damit man ihn fotografieren kann. Die Menschen finden diese Form der Vereinnahmung ganz normal und wünschenswert, weil sie Kameras besitzen, und wenn sie etwas sehen, das sie mit nach Hause nehmen wollen, machen sie ein Bild davon. Sie sammeln die Welt. Aber ich möchte nicht so verstanden werden, als würde ich behaupten, die Fotografie habe Vereinnahmung, Aneignung und Aggressivität in die Welt gebracht und ohne sie würde es all das nicht geben.

Aber würden Sie nicht sagen, dass Sie die Fotografie mit einer bestimmten Art von Konsumgesellschaft verbinden?

Doch, sicher. Auf jeden Fall.

In Ihrer Kurzgeschichte ›Projekt für eine Reise nach China‹ aus der Sammlung *Ich, etc.* schreiben Sie: »Reisen als Sammeltätigkeit. Kolonialismus der Seele, jeder Seele, auch der noch so wohlmeinenden.« Und in einer anderen Erzählung, ›Ohne Reiseführung‹, erklären Sie: »Ich will nicht mehr wissen, als ich weiß. Ich will mich nicht mehr an [berühmte Orte] hängen, als ich es schon tue.« In ›Die Ästhetik des Schweigens‹ stellen Sie fest: »Das wirksame Kunstwerk hinterlässt Stille.« Und in Ihrem berühmten Essay ›Gegen Interpretation‹ sagen Sie: »Interpretieren heißt die Welt arm und leer machen – um eine Schattenwelt der ›Bedeutungen‹ zu errichten. Es heißt, die Welt in diese Welt zu verwandeln (»diese« Welt! Als ob es eine andere gäbe). Die Welt, unsere Welt, ist leer und verarmt genug. Weg mit all ihren Duplikaten, bis wir wieder unmittelbarer erfassen, was wir haben.« Es scheint, als würden Sie in all Ihren Schriften über die gleiche Sache reden.

Ja, es ist die gleiche Sache, überall. Aber ich muss Ihnen gestehen, dass mir das nicht bewusst war. Ich hatte keine Vorstellung davon, dass ich seit Beginn meines Schreibens immer das Gleiche sage. Es ist verblüffend, aber ich möchte lieber nicht zu viel darüber nachdenken, weil es Einfluss auf die Dinge in meinem Kopf haben könnte. Das meiste, was ich tue, ist entgegen landläufiger Auffassung intuitiv und unreflektiert und ganz und gar nicht so intellektuell und berechnend, wie man mir nachsagt. Ich folge einfach meinen Instinkten und Eingebungen. Sehen Sie, ich bin immer davon ausgegangen, dass ich in meinen Essays und belletristischen Texten ganz unterschiedliche Themen behandle, und ich habe es immer als eine doppelte Bürde betrachtet, diesen zwei sehr unterschiedlichen Aktivitäten nachzugehen. Erst vor kurzem habe ich erkannt, weil andere mich darauf aufmerksam gemacht haben, in welchem Ausmaß die Essays und meine Romane und Kurzgeschichten die gleichen Themen behandeln und zu den gleichen Aussagen gelangen. Es ist beinahe beängstigend für mich, zu sehen, wie eng alles miteinander zusammenhängt.

Der französische Filmkritiker André Bazin glaubte, die Fotografie könne die Welt »von dem geistigen Staub und

Schmutz befreien, mit dem unsere Augen sie bedeckt haben«.

Gewiss, ich spreche dies im vierten Essay in *Über Fotografie* an – die Vorstellung, dass die Fotografie uns neue Augen verleiht und unseren Blick reinigt.

Und damit verknüpft ist die Vorstellung, sich selbst zu entlasten.

Ich denke, die Vorstellung verschiedener Formen der Entlastung ist zentral für mein gesamtes Werk, angefangen bei meinem Roman *Der Wohltäter*. Es ist im Grunde eine ironische, skurrile Geschichte über eine Art Candide, der, statt nach der besten aller Welten, nach einem klaren Bewusstsein sucht, nach einem Weg, sich selbst von aller Last zu befreien. Der gleiche Gedanke findet sich auch in den teils komischen, teils ernsten Reflexionen des exzentrischen Erzählers wieder. Und ich sehe jetzt, dass auch in *Der Wohltäter* Fotografie eine gewisse Rolle spielt.

In *Über Fotografie* schreiben Sie: »Die Fotografie steht paradigmatisch für eine ihrem Wesen nach mehrdeutige Beziehung zwischen Ich und Welt«, und Sie weisen auch darauf hin, dass »alle ästhetischen Beurteilungen von Fotografien im Kern mehrdeutig sind«. Ich habe mir einige der von Ihnen genannten mehrdeutigen Beziehungen notiert, und es ist eine ziemlich lange Liste geworden: Es gibt die Beziehung zwischen Imperialismus und Demokratisierung, zwischen der Abtötung und der Erweckung des Gewissens, zwischen der Überprüfung und der Verweigerung von Erfahrung, zwischen radikaler Kritik und leichtherziger Ironie und zwischen Realität und Abbild. *Über Fotografie* handelt somit von einer beachtlichen Reihe struktureller Beziehungen.

Und genau das war meine Absicht. Ich liebe Fotografien. Ich selbst fotografiere nicht, aber ich sehe mir Fotos an, ich liebe sie, ich sammle sie, ich bin fasziniert von ihnen … es ist eine alte und sehr intensive Leidenschaft. Mein Interesse, über Fotografie zu schreiben, wurde geweckt, als ich darin das Paradigma erkannte, in dem sich alle Verflechtungen und Widersprüche und Mehrdeutigkeiten dieser Gesellschaft widerspiegeln. Um diese Mehrdeutigkeiten und Widersprüche und Verwicklungen geht es – das ist unsere Art zu denken. Interessant daran finde ich, dass diese Tätigkeit, womit ich sowohl das Fotografieren als auch das Betrachten von Bildern meine, all diese Widersprüche enthält. Ich kann mir keine andere Tätigkeit vorstellen, der all diese Widersprüche und Mehrdeutigkeiten so sehr eingeschrieben sind. *Über Fotografie* ist insofern eine Fallstudie darüber, was es bedeutet, im zwanzigsten Jahrhundert, in einer fortgeschrittenen industriellen Konsumgesellschaft zu leben.

Einige Fotografen scheinen an diesem Thema nicht besonders interessiert zu sein. Einige fühlen sich sogar von Ihnen bevormundet, oder?

Nun, *Über Fotografie* ist kein Buch, das ein Fotograf hätte schreiben können. Aber ich denke, dass alle Fotografen das meiste von dem kennen, was darin gesagt wird. Sie haben es nur nicht formuliert oder fühlen, dass es nicht in ihrem Interesse ist, darüber zu reden. Aber wenn ich mit Henri Cartier-Bresson oder Richard Avedon spreche, die ich beide persönlich kenne, sind sie sich dieser Dinge sehr wohl bewusst. Natürlich würden sie nicht darüber schreiben, und das ist auch nicht ihre Aufgabe. Einige Leute haben mir gesagt: Aber, Susan, du bist doch keine Fotografin. Genauso ist es. Nur jemand, der kein Fotograf ist und keine fotografischen Ambitionen hat, konnte dieses Buch schreiben. Ich habe ein Interesse daran, Fotografien zu betrachten und mich daran zu erfreuen. Würde ich jedoch selbst fotografieren, hätte ich *Über Fotografie* niemals schreiben können.

In Ihrem Buch sagen Sie, »die fotografierte Welt steht zur wirklichen im gleichen, grundsätzlich schiefen Verhältnis wie das Standfoto zum ganzen Film. Im Leben geht es nicht um bedeutsame Details – einmal kurz belichtet und für immer festgehalten. Auf Fotografien geht es um nichts anderes.« Ich habe einmal gelesen, die Maya hätten ein Wort für Weisheit gehabt, das übersetzt »kleiner Blitz« heißt, und Mystiker reden häufig vom Blitz der Offenbarung oder von Erleuchtung. Der Kritiker George Steiner schrieb einmal über den Blitz der Erkenntnis, vermittelt durch das literarische Fragment, etwa bei Nietzsche und Wittgenstein. Er betonte »seine aufblitzende Gewissheit im Unmittelbaren und die notwendige Unvollständigkeit solcher Gewissheit« und unterstrich seine Bedeutung für den kritischen Erkenntnisprozess.

Zunächst einmal passieren hier Dinge auf ganz verschiedenen Ebenen. Nicht alle blitzartigen Erscheinungen sind zwangsläufig fragmentarischer Natur. Eine Epiphanie ist kein Fragment. Ein Orgasmus ist kein Fragment. Natürlich gibt es zeitlich begrenzte Zustände, die außergewöhnlich intensiv sind und einen auf eine andere Bewusstseinsebene zu heben scheinen oder einem Zugang zu etwas verschaffen, das man vorher nicht kannte. Der Zugang mag, um ein Bild aus dem Alten Testament zu benutzen, ein Nadelöhr sein, eine winzige Öffnung – dort hindurchzugehen ist, wenn Sie so wollen, eine Art Aufblitzen, aber was folgt, ist etwas anderes. Die Tatsache, dass etwas kurz oder flüchtig ist, macht es nicht automatisch zu einer blitzartigen Erscheinung. Beim Fragment wiederum geht es um andere Dinge.

Das Fragment scheint die angemessene Kunstform unserer Zeit zu sein, und jeder, der über Kunst und Geist nachgedacht hat, hat sich damit auseinandergesetzt. Roland Barthes hat erst kürzlich gesagt, all seine Anstrengungen richteten sich auf die Überwindung des Fragments. Die Frage ist nur: Kann man das überhaupt? Es gibt einen Grund, warum das Fragment seit der Romantik zur prominenten Kunstform geworden ist, die den Dingen mehr Wahrheit, Authentizität und Intensität verleiht. Es gibt außergewöhnliche Augenblicke des Genusses und der Erkenntnis, und einige Dinge sind intensiver als andere, weil wir auch in unserem Bewusstsein an vielen verschiedenen Orten leben. Aber die Tatsache, dass man bestimmte Momente als außergewöhnlich erlebt – und das nicht nur, weil sie erinnerungswürdig sind, sondern weil sie einen verändert haben –, bedeutet nicht, dass es sich dabei um Fragmente handelt. Es könnte auch bedeuten, dass sie der Kulminationspunkt all dessen sind, was vorher gewesen ist. Die Tatsache, dass man Erlebnisse genau lokalisieren und begrenzen kann, bezeugt noch nicht ihren fragmentarischen Charakter.

Ihr aufschlussreicher Essay über Jean-Luc Godards Film *Die Geschichte der Nana S.* hat eine fragmentarische Struktur und vermittelt auf diese Weise den Glanz und Reichtum eines Films, der selbst aus einer Aneinanderreihung von Fragmenten besteht.

Nun, ich denke, es ist etwas sehr Achtbares an der Form des Fragments, insofern es auf die Lücken, Zwischenräume und das Schweigen zwischen den Dingen verweist. Man könnte aber auch sagen, dass es sich äußerlich – nicht im moralischen Sinn – um eine dekadente Form handelt, um den Ausdruck einer zu Ende gehenden Epoche, und damit meine ich das Ende einer Zivilisation oder einer Tradition des Denkens oder einer bestimmten Art des Fühlens. Das Fragment setzt voraus, dass man sehr vieles weiß und erlebt hat, und es ist dekadent in dem Sinn, dass man diesen ganzen Ballast abgelegt haben muss, um Anspielungen machen und sich über etwas äußern zu können, ohne es ausführlich darstellen zu müssen. Es ist keine Kunstform oder Denkform junger Kulturen, die alles sehr genau darlegen müssen. Wir hingegen wissen eine Menge und sind uns der Vielzahl an Perspektiven bewusst, und das Fragment ist Ausdruck dieses Bewusstseins.

Ich fühle mich sehr unwohl mit einer Essayform, die einer linearen Argumentation folgt. Ich habe das Gefühl, dass ich die Dinge in eine sequenzielle Form zwinge, die sie eigentlich nicht haben, weil meine Gedanken hin und her springen und mir die Ausbreitung von Argumenten mehr wie die Speichen eines Rads als die Glieder einer Kette erscheint. Und dennoch sind wir beim Lesen eines Buches dazu gezwungen, oben links anzufangen, der Seite bis nach unten zu folgen, oben rechts weiterzumachen, nach unten zu gehen und umzublättern. Ich weiß auch keinen besseren Weg, und ich plädiere keineswegs dafür, diese Chronologie aufzugeben, nur führt sie zwangsläufig zu dem, was Joseph Frank schon vor vielen Jahren »die räumliche Form« genannt hat.

Denken Sie an die antiken griechischen Fragmente von Archilochos und Sappho, die Überbleibsel eines ursprünglichen Ganzen sind und uns noch heute tief berühren.

Ja, weil wir besonders empfänglich für die fragmentarische Form sind. Bestimmte Texte sind durch die Zerstörungen der Geschichte zu Fragmenten geworden. Wir müssen davon ausgehen, dass sie nicht als Fragment angelegt waren – sie wurden dazu, weil Teile verlorengingen. Die Venus von Milo wäre nie so berühmt geworden, wenn sie noch Arme hätte. Das fing im achtzehnten Jahrhundert an, als man die Schönheit von Ruinen entdeckte. Ich vermute, die Liebe zum Fragment entsprang einem Verständnis für das Pathos der Geschichte und die Verheerungen durch die Zeit, denn im Fragment begegneten den Menschen Werke, von denen Teile verloren, zerstört oder abgefallen waren. Heute ist es natürlich möglich und auch äußerst reizvoll, Kunstwerke als Fragment zu schaffen. Diese Fragmente in der Welt des Geistes und der Kunst gleichen den künstlichen Ruinen, die vermögende Menschen im achtzehnten Jahrhundert auf ihren Anwesen errichten ließen.

Das gilt in gewisser Weise auch für die Fotografie.

Ja, ich glaube, auch die Fotografie ist eine fragmentarische Darstellungsform. Das Wesen des Standfotos entspricht der geistigen Wahrnehmung des Fragments. Natürlich ist es in sich geschlossen. Aber in Bezug auf den Fluss der Zeit wird es zu dem einen Fragment, das uns von der Vergangenheit geblieben ist: »Ja, wie glücklich wir damals waren, als wir dort standen, du warst wunderschön, und ich trug diese Sachen, und sieh nur, wie jung wir waren«… Dinge dieser Art. Nicht, dass die Leute Aufnahmen in dieser Absicht machen, aber die Zeit verändert die Bedeutung einer Fotografie.

Sie behaupten, »es liegt in der Natur der Fotografie, dass sie ihren Gegenstand niemals transzendieren kann, was in gewissem Sinne das höchste Ziel der Malerei ist«. Aber was ist zum Beispiel mit den Aufnahmen, die Alfred Stieglitz vom Sommerhimmel bei Lake George im Bundesstaat New York gemacht hat, dessen bauschige Wolken den Glanz und das Leuchten der Gemälde von Mark Rothko vermitteln?

Das sind einfach großartige Fotografien. Sehen Sie, ich meine das durchaus im wörtlichen Sinn und nicht bloß als Anerkennung. Stieglitz ist ein großer Fotograf, und wenn man diese Fotos anschaut, reagiert man genauso wie bei der Betrachtung bedeutender Kunstwerke. Mit *transzendieren* meine ich nicht, dass es keine phantastischen Fotografien gibt und dass sie dem Betrachter nicht das gleiche Gefühl vermitteln können wie ein Gemälde, sondern dass das Wesen der fotografischen Kunst auf eine andere Weise als die Malerei mit Repräsentation verknüpft ist. Wenn man Stieglitz mit Rothko vergleicht, kann man sehen, dass seine Fotos die gleiche Art Glanz vermitteln und dennoch figurativ sind.

Der gegenständliche Bezug in der Malerei kann sehr weit zurückgenommen sein, wie etwa in einigen Gemälden von Turner und Monet, oder er kann, wie bei Rothko, völlig verschwinden. Aber dies scheint mir nicht die grundsätzliche Stärke der Fotografie zu sein. Natürlich gibt es großartige abstrakte Fotografien, aber auch sie beziehen sich auf etwas. Die Fotografien der makroskopischen oder mikroskopischen Maschinenwelt der Bauhaustradition, etwa in den Arbeiten von Moholy-Nagy, sind nur in dem Sinn abstrakt, dass sie Teile einer Maschine aus der Nähe einfangen oder vereinfacht darstellen. Aber es sind gestaltete Formen, und wir wissen immer noch, dass eine solche Objektwelt existiert.

In Ihrem Essay ›Über den Stil‹ schreiben Sie: »Über den Stil eines Kunstwerkes sprechen heißt über seine Totalität sprechen. Wie jedes Gespräch über Totalitäten ist auch das Gespräch über den Stil auf Metaphern angewiesen. Und Metaphern sind irreführend.« Wie denken Sie generell über Metaphern?

Darauf muss ich eine persönlichere Antwort geben. Seit ich denken kann, war mir bewusst, dass ich Dinge theoretisch verstehen kann, wenn ich ihre Auswirkungen und das ihnen zugrunde liegende Bild oder Paradigma erkenne – diese Art von Verstehen ergab sich für mich ganz natürlich. Als ich mit vierzehn oder fünfzehn anfing, philosophische Texte zu lesen, war ich sehr beeindruckt von den verwendeten Metaphern und dachte: Nun, wenn du andere Metaphern hättest, wäre deine Vorstellung eine ganz andere. Ich hatte immer eine Art agnostizistische Einstellung zu Metaphern. Lange bevor ich eine eigene Vorstellung davon entwickelt hatte, brauchte ich nur eine Metapher zu finden, um etwas ausdrücken zu können. Sie war gewissermaßen die Quelle des Gedankens, aber mir war klar, dass man auch eine andere Metapher hätte verwenden können. Ich weiß, dass es darüber zahlreiche Theorien gibt, aber ich beschäftige mich nicht damit, weil ich meinen eigenen Instinkten als Schriftstellerin folge.

Was mich vor allem an modernistischer oder avantgardistischer oder experimenteller oder einfach nur gut geschriebener Literatur interessierte, war die entschlackte Sprache. Deshalb habe ich mich so für Beckett und Kafka begeistert. Und auch meine frühere, inzwischen weniger starke Bewunderung für französische Romanciers wie Robbe-Grillet galt ihrem Bemühen, ohne Metaphern auszukommen.

Sie meinen also einen grundsätzlichen Verzicht auf Metaphern.

In gewisser Weise, ja, oder zumindest eine starke Skepsis ihnen gegenüber. Metaphern sind zentral für unser Denken, aber man sollte ihnen nicht trauen – sie sind notwendige Fiktionen oder auch nicht notwendige Fiktionen. Ich kann mir keinen Gedanken vorstellen, der ohne eine Metapher auskommt, aber dieser Umstand zeigt auch die Begrenztheit unseres Denkens. Und mich reizt ein Diskurs, der genau diese Skepsis ausdrückt und über Metaphern hinausgeht und zu etwas gelangt, das klar und durchsichtig ist oder, wie Barthes sagt, den Nullgrad der Literatur erreicht. Natürlich kann man auch in die umgekehrte Richtung gehen, wie James Joyce es getan hat, und so viel wie möglich in die Sprache packen, aber dann handelt es sich nicht mehr um metaphorisches Sprechen, sondern bloß um ein Spiel mit der Sprache selbst und den unterschiedlichen Bedeutungen, die ein Wort haben kann, wie in Joyces *Finnegans Wake*. Das ist mir bewusst, wenn ich etwas lese wie, sagen wir: »Das Wasser floss unter den Brückenbögen wie die Finger eines Handschuhs« … Was sagen Sie dazu? [*Lacht.*]

Großartig!

Also, wenn ich so etwas lese, habe ich das Gefühl – und zwar ein primitives und instinktives Gefühl –, als würde man mir die Kehle zudrücken. In meinem Kopf kommt es zu einer Art Kurzschluss: Ich habe den Fluss, und ich habe den Handschuh, und das eine kommt dem anderen in die Quere. Ich rede hier von einer grundsätzlichen mentalen Disposition meinerseits.

Das alles mag nun so klingen, als könnte ich nichts mit Lyrik anfangen. Man denke nur an Shakespeares Sonette. Ich habe aber nichts gegen Lyrik, ganz im Gegenteil, ich lese sogar vorwiegend Gedichte und kunsthistorische Texte. Aber was die Prosa und das Denken angeht, kreise ich immer wieder um die Frage, was eine Metapher ist. Es ist etwas anderes als ein Vergleich. Wenn man sagt, etwas sei *wie* etwas anderes, nun, dann sind die Unterschiede sehr deutlich … obwohl manchmal auch nicht so deutlich, weil Dichtung so komprimiert ist. Aber wenn man beispielsweise sagt: »Krankheit ist ein Fluch«, dann ist das für mich eine Aufgabe des Denkens – es ist eine

Art, das Denken einzustellen und die Menschen in bestimmten Überzeugungen erstarren zu lassen. Mein wesentliches intellektuelles Anliegen ist deshalb die Kritik – und zwar in ihrem ursprünglichen Sinne –, insofern man unausweichlich gezwungen ist, neue Metaphern zu entwickeln, weil sie unerlässlich für das Denken sind. Aber man sollte kritisch und skeptisch gegenüber überkommenen Metaphern sein, um den Kopf freizubekommen, frischen Wind hereinzulassen und sich von Altlasten zu befreien.

Es gibt ein wunderschönes Bild des mexikanischen Schriftstellers Octavio Paz, das lautet: »Im Gedicht versöhnen sich für einen Augenblick das Sein und das Verlangen zu sein, wie die Frucht mit den Lippen.« Etwas Abstraktes so sinnlich darzustellen ist zweifellos eine beachtliche Leistung.

Ich stimme Ihnen zu. Vielleicht irritiert mich das Bild vom Fluss und dem Handschuh auch deshalb so sehr, weil das unter der Brücke hindurchfließende Wasser bereits so sinnlich ist.

Es ist ironisch, dass die Art, in der Sie über sprachliche Bilder reden, den Gedanken nahelegt, sie seien in vielem dem Krebs ähnlich!

[*Lacht.*] Nun, ich möchte Krebs ganz bestimmt nicht als Metapher verstehen. Vielleicht könnte man sagen, dass eine Metapher ein verkürzter Vergleich ist. Wenn man sagt, etwas sei *wie* etwas anderes, legt man seine Karten auf den Tisch.

Sehen Sie, ich denke immer darüber nach, was geschrieben

werden muss. Ich kann mir nur schwer vorstellen, bloß Geschichten zu erzählen, weil ich zu viel weiß, um mich damit zufriedenzugeben. Man kann auf tausend Seiten einen Nachmittag beschreiben, aber was lässt man aus, und was nimmt man mit hinein? Wir sind nicht naiv oder an die Konventionen gebunden, die Schriftsteller in der Vergangenheit zu befolgen hatten. In den Erzählungen von *Ich, etc.* habe ich etwas anderes versucht, etwas, das dem Stoff eine Art von Notwendigkeit geben würde. Die einfachste Art von Notwendigkeit – die in gewisser Weise auch die wirkungsvollste sein mag – ist die Form der Fabel. Eine Fabel ist keine Metapher, eine Fabel ist eine Geschichte mit einer Moral …

Eine Parabel wäre ein anderes Beispiel.

Ja, nehmen wir die Parabel anstelle der Fabel. Die von mir bewunderten Schriftsteller sind diejenigen, die mit dem Gedanken ringen, alles Geschriebene solle in gewisser Weise zwingend sein. Ich finde diese Qualität bei Beckett, Kafka, Calvino, Borges und auch bei einem wunderbaren ungarischen Autor: György Konrád.

Wie denken Sie über Nietzsches Satz, Wahrheiten seien Metaphern, die abgenutzt und sinnlich kraftlos geworden sind? Er bezog sich dabei darauf, wie Stereotype und Klischees zu allgemein anerkannten Wahrheiten werden.

Aber das ist eine sehr ironische Vorstellung von Wahrheit. Es mag sich um eine Schwäche meinerseits handeln, aber ich kann mir die Wahrheit nur als Negation des Falschen vorstellen. Ich stelle immer wieder fest, dass ich etwas für wahr halte, wenn ich sehe, dass etwas anderes falsch ist. Die Welt ist voller Irrtümer, und die Wahrheit ist etwas, das sich durch die Ablehnung des Falschen herausschält. In gewisser Weise ist die Wahrheit selbst leer, aber es ist allein schon ein phantastisches Gefühl, sich von Irrtümern zu befreien.

Seit Jahrhunderten hat das Patriarchat Frauen als die Negation der Männer bestimmt.

Nun, sagen wir, als minderwertiger – die Grundüberzeugung ist, dass Frauen über den Kindern, aber unter den Männern stehen. Sie sind erwachsene Kinder, mit dem Charme und der Attraktivität von Kindern.

Ich hatte immer die Vorstellung, *Schreie und Flüstern*, um diesen Filmtitel von Ingmar Bergman zu benutzen, beschreibe in gewisser Weise die Welt, die man den Frauen seit ewigen Zeiten zugeteilt hat, also nicht die des dialektischen Denkens.

In unserer Kultur hat man ihnen die Welt des Fühlens zugeteilt, weil die Welt der Männer durch Handeln, Stärke, Durchsetzungsvermögen und die Fähigkeit zur Distanz definiert ist. Und in der Konsequenz werden die Frauen zu Trägerinnen von Gefühl und Sensibilität. Die Künste werden in unserer Gesellschaft als grundsätzlich weibliche Phänomene betrachtet, aber in der Vergangenheit waren sie das keineswegs, und zwar weil Männer sich früher weniger stark über die Unterdrückung von Frauen definiert haben.

Ich führe einen meiner ältesten Kreuzzüge gegen die Unterscheidung zwischen Denken und Fühlen, die die Basis aller antiintellektuellen Vorstellungen ist: Seele und Geist, Denken und Gefühl, Phantasie und Urteilskraft … ich halte diese Trennungen allesamt für falsch. Wir alle haben ähnliche Körper, aber wir denken sehr unterschiedlich. Ich glaube, wir denken sehr viel mehr mit den Instrumenten, die uns durch unsere Kultur zur Verfügung gestellt werden, als mit unseren Körpern, was der Grund für die große Vielfalt unseres Denkens ist. Ich denke, dass Denken eine Art Fühlen und Fühlen eine Art Denken ist.

Meine Arbeit beispielsweise schlägt sich in Büchern oder Filmen nieder, in Objekten, die nicht *ich* sind, aber Transkriptionen von etwas – Wörter, Bilder oder was auch immer –, und man stellt sich dies meist als einen rein intellektuellen Prozess vor. Aber fast alles, was ich mache, scheint genauso viel mit Intuition wie mit Verstand zu tun zu haben. Es ist nicht so, dass Liebe Verständnis voraussetzt, aber jemanden zu lieben heißt, in alle möglichen Arten von Gedanken und Urteilen eingebunden zu sein. Und das bedeutet nichts anderes, als dass es eine intellektuelle Struktur der körperlichen Lust und des Begehrens gibt. Die Vorstellung, es gäbe einen Unterschied zwischen Denken und Fühlen, ist nur eine dieser Formen von Demagogie, die viel Unheil über die Leute bringt, weil sie sie misstrauisch gegenüber Dingen macht, gegenüber denen sie nicht misstrauisch oder gleichmütig sein sollten.

Diese Einstellung scheint für die Menschen sehr destruktiv und mit großen Schuldgefühlen verbunden zu sein. Die Stereotype von Denken versus Fühlen, Seele versus Geist, männlich versus weiblich kamen in einer Zeit auf, als die Menschen überzeugt waren, die Welt würde sich in eine bestimmte Richtung entwickeln, und zwar in Richtung Technokratie, Rationalisierung, Wissenschaft und so weiter. All diese Gegensätze wurden nur zur Abwehr von Idealen der Romantik erfunden.

In Baudelaires Gedicht ›*Aufschwung*‹ aus *Die Blumen des Bösen* heißt es: »Bewegst du mein Geist dich in Leichtigkeit / Und, wie einer träumt auf dem Rücken der Wogen / Kommst froh durch unermessbare Tiefen gezogen / In unsagbarer Lust du und Männlichkeit.« Das Gedicht verknüpft also Denken und Fühlen mit einer typisch »männlichen« Form von Bewusstsein und Sexualität. Vor kurzem allerdings las ich ein Interview mit der französischen Autorin Hélène Cixous, in dem sie, ebenfalls ein Bild aus dem Bereich des Schwimmens gebrauchend, sagte: »Zu behaupten, dass Texte keinen Unterschied zwischen den Geschlechtern verraten, heißt, sie einfach nur als gefertigte Objekte zu betrachten. Von dem Moment an, da man zugibt, dass sie dem ganzen Körper entspringen, muss man ebenfalls zugeben, dass sie ein ganzes System von Impulsen übermitteln, völlig unterschiedliche Herangehensweisen an emotionale Hingabe und Genuss. […] Weiblichkeit erweckt hier einen sehr viel stärkeren Eindruck von Kontinuität als Männlichkeit. Es ist, als ob Frauen die Fähigkeit gehabt hätten, unter der Wasseroberfläche zu bleiben, um nur selten zum Luftholen aufzutauchen. Das Resultat ist offensichtlich ein Text, der den Leser ohne Atem zurücklässt, aber für mich im Einklang steht mit der weiblichen Sinnlichkeit.«

Cixous begann als Professorin für Englische Literatur an der Universität von Paris, schrieb ein Buch über James Joyce und gilt heute als eine der führenden Schriftstellerinnen in Frankreich. Offenbar hält sie sich für eine Feministin. Aber ich muss sagen, dass ihre Aussage keinerlei Sinn für mich macht. Der Kontrast zwischen Cixous und Baudelaire ist faszinierend, aber ich glaube, diese Bilder lassen sich in jede beliebige Richtung interpretieren. Schließlich war es Baudelaire, der sagte, die Frau sei natürlich und daher verabscheuenswert, und der einer für das neunzehnte Jahrhundert typischen Form von Misogynie anhing – die man übrigens auch bei Freud findet –, dass Frauen nämlich der Natur und Männer der Kultur angehören, als wären Frauen eine Art Morast, in dem man versinkt, während der Geist stets dem Fleisch zu entkommen versuche.

Es ist interessant, dass beide den schöpferischen Prozess in geschlechtsspezifischen Begriffen wahrnehmen – der eine schreibt von einem misogynen Standpunkt aus, die andere von einem feministischen Standpunkt. Und beide kamen aus Frankreich.

Die französische Kultur ist so unglaublich frauenfeindlich, dass man es sich kaum vorstellen kann. Allein das Wort *feminin* – nicht *effeminiert* – ist ein abwertender Ausdruck. Von etwas zu sagen, es sei *feminin*, ob nun von einem Beruf, einer Tätigkeit oder einer Person – wenn diese Person eine Frau ist, und auch dann nur in einem eng sexuellen Sinn –, ist immer abfällig. Maskulin bedeutet stark, feminin bedeutet schwach.

Aber die meisten Französinnen, die ich kenne, sind sehr starke Personen.

Nun, sie hatten auch eine Jeanne d'Arc! Auf einer Reise nach Indien fragte ich einmal Indira Gandhi – wohl wissend, was sie mir als Antwort geben würde –, ob die Tatsache, dass das indische Staatsoberhaupt eine Frau sei, bedeute, dass sich die Haltung zu Frauen geändert habe und man Frauen nun für kompetenter hielte, worauf sie sagte: »Dass ich Premierministerin bin, bedeutet gar nichts, außer, dass ich eine Ausnahme bin.« Genauso wenig bedeutet die Tatsache, dass es in Frankreich eine Feldherrin gab, dass jede Frau eine Jeanne d'Arc werden kann – es zeigt einfach nur, dass es hin und wieder Ausnahmen gibt.

Aber kommen wir zu dem zurück, was Sie über Hélène Cixous gesagt haben. Ich bin sehr unglücklich über die Idee, das Schreiben mit sexuellen Termini zu belegen, weil man dann sagen müsste, James Joyce sei ein femininer Schriftsteller oder schreibe aus der Perspektive weiblicher Sexualität. Ich will nicht leugnen, dass es zwischen maskuliner und femininer Sensibilität gewisse Unterschiede gibt, nicht viele, aber es gibt sie. Und in unserer Kultur setzt man alles daran, diese Unterschiede noch zu verstärken. Es gibt vermutlich einen grundlegenden Unterschied, der einfach nur von den unterschiedlichen Physiologien und unterschiedlichen Geschlechtsorganen herrührt. Aber ich glaube nicht, dass es so etwas wie ein männliches und ein weibliches Schreiben gibt. Cixous sagt, das müsse es geben, weil Schreiben anderenfalls ein bloßes Verfertigen von Objekten wäre. In diesem Fall, und in diesem Kontext, würde ich – zu einer Aussage gedrängt – sagen, dass Schreiben tatsächlich nichts anderes bedeutet, als Objekte zu verfertigen. Ich kann sehr gut mit der alten Analogie von Platon und Aristoteles leben, die den Dichter mit einem Schreiner verglichen.

Wenn Frauen darauf konditioniert werden, zu glauben, sie sollten aus ihrem Gefühl heraus schreiben, dass der Intellekt männlich und das Denken eine brutale und aggressive Sache sei, dann werden sie natürlich auch eine bestimmte Art von Gedichten, Prosa oder was auch immer schreiben. Aber ich sehe keinen Grund, warum eine Frau nicht das Gleiche schreiben kann wie ein Mann oder umgekehrt.

Es klingt so, als beschriebe Cixous eine Art von Bewusstseinsstrom. Das scheint mir in ganz besonderer Weise auf die Romane von Claude Simon zuzutreffen ...

... oder auf Phillipe Sollers oder eine Vielzahl anderer Autoren.

Aber in einem sehr engen Sinn könnte man darin eine treffende Beschreibung einiger Ihrer Schriften sehen, damit meine ich, dass sie eine äußerst intensive Entfaltung von Themen und Gedanken darstellen, die lange Zeit ihre Gültigkeit bewahren – und ich denke, *Über Fotografie* ist dafür ein gutes Beispiel.

Aber so vieles, was gut ist, kann als Beispiel dafür herhalten. Für eine gewisse Gruppe feministischer Autorinnen und Leute, die sich damit auseinandersetzen, wäre jemand wie Hannah Arendt dann eine Intellektuelle, deren Denken männlich geprägt ist. Sie ist zwar eine Frau, aber sie spielt das männliche Spiel mit, das mit Platon und Aristoteles anfängt und von Machiavelli, Thomas Hobbes und John Stuart Mill fortgesetzt wird. Sie ist die erste politische Philosophin, aber ihr Spiel – seine Regeln, Diskurse und Bezugspunkte – steht in einer Tradition, die auf Platons *Staat* gründet. Sie hat sich nie die Frage gestellt: »Da ich ein Frau bin, sollte ich diese Fragen nicht anders angehen?« Und ich denke auch nicht, dass sie es hätte tun sollen. Wenn ich Schach spiele, denke ich ja auch nicht, ich sollte anders spielen, weil ich eine Frau bin.

Natürlich ist Schach ein stärker regelbestimmtes Spiel, aber auch als Lyrikerin oder Romanschriftstellerin oder Malerin beruhen meine Wahlmöglichkeiten auf vielen verschiedenen Traditionen, mit denen ich verbunden bin, oder auf meinen eigenen Erfahrungen, von denen einige vielleicht etwas mit der Tatsache zu tun haben, dass ich eine Frau bin – was aber in keiner Weise bestimmend sein muss. Ich empfinde es als sehr bedrückend, wenn man sich einem bestimmten Stereotyp anpassen soll, wenn man von einem schwarzen Schriftsteller erwartet, er solle ein schwarzes Selbstbewusstsein zum Ausdruck bringen oder nur über schwarze Themen schreiben oder eine schwarze kulturelle Sensibilität reflektieren. Ich möchte genauso wenig »ghettoisiert« werden wie einige schwarze Schriftsteller, die ich kenne.

Vorhin jedoch sagten Sie, kranke Menschen seien auf besondere Weise miteinander verbunden. Genauso alte Menschen. Sie haben über die Polarität von männlich–weiblich als eine Art Gefängnis gesprochen. Warum sollte eine Frau, die das Gefühl hat, in diesem Gefängnis eingesperrt zu sein,

sich nicht einer gewissen Art von Feminismus anschließen wollen?

Ich bin ja überhaupt nicht dagegen, aber ich wäre sehr traurig, wenn das Schreiben nach Geschlechtern getrennt würde. Ich kenne diese Situation. Nehmen wir an, ich werde mit einem Film zu einem Frauenfilmfestival eingeladen. Natürlich lehne ich nicht ab, ganz im Gegenteil: Ich bin immer froh, wenn meine Filme gezeigt werden, auch wenn sich die Teilnahme meines Films an einem Festival nur dem Zufall verdankt, dass ich eine Frau bin. Was aber meine filmische Arbeit betrifft, so glaube ich nicht, dass sie primär von meinem Frausein bestimmt ist – sie hat etwas mit *mir* zu tun, und dazu gehört, unter vielen anderen Dingen, eben auch, dass ich eine Frau bin.

Feministinnen könnten Ihnen vorwerfen, dass Sie so tun, als wäre die Revolution bereits gewonnen.

Die Revolution hat meiner Meinung nach noch gar nicht begonnen. Ich denke, es ist nützlich für Frauen, an tradierten Strukturen und Aufgaben teilzuhaben und zu demonstrieren, dass sie kompetent sind und dass sie Pilotin und Bankvorsitzende und Generalin und viele andere Dinge sein können, die ich nicht sein möchte und für nicht so großartig halte. Aber es ist sehr gut, dass Frauen ihre Ansprüche in diesen Berufen geltend machen. Eine eigene Kultur zu etablieren würde bedeuten, auf Macht zu verzichten, und ich glaube, Frauen sollten nach Macht streben. Wie ich früher schon gesagt habe, denke ich nicht, dass die Emanzipation der Frau bloß eine Sache gleicher Rechte ist. Es geht auch um gleiche Machtverteilung, und wie sollten wir dahin gelangen, wenn Frauen nicht an den bestehenden Strukturen partizipieren?

Ich empfinde eine starke Loyalität mit Frauen, aber sie reicht nicht so weit, dass ich meine Arbeiten nur noch feministischen Zeitschriften anbiete, weil ich eine ebenso starke Loyalität mit der westlichen Kultur empfinde. Zwar ist diese Kultur durch Sexismus kompromittiert und korrumpiert, aber wir haben keine andere, und ich glaube, wir müssen damit umgehen, auch als Frauen, um die notwendigen Korrekturen vornehmen zu können.

Frauen sollten stolz auf Frauen sein, die hervorragende Leistungen erbringen, und sich mit ihnen identifizieren und sie nicht dafür kritisieren, dass sie keine weibliche Sensibilität oder kein weibliches Verständnis von Sinnlichkeit zum Ausdruck bringen. Ich bin dafür, alle Trennungen aufzuheben. Mein Feminismus ist egalitär. Und das nicht, weil ich denke, der Kampf sei gewonnen. Es ist gut, dass es Frauenkollektive gibt, aber ich glaube nicht, dass unser Ziel die Erschaffung und Verteidigung femininer Werte sein sollte. Ich würde ein Prinzip der weiblichen Kultur oder der weiblichen Sensibilität oder weiblichen Sinnlichkeit weder postulieren noch abschaffen wollen. Wenn Männer femininer und Frauen maskuliner wären – das würde mir gefallen. In meinen Augen wäre das eine attraktivere Welt.

Wie Ray Davies von den Kinks in *Lola* singt: »Girls will be boys and boys will be girls / It's a mixed-up, muddled-up, shook-up world.«

Ich kenne keine intelligente oder unabhängige, tatkräftige oder leidenschaftliche Frau, die als Kind nicht ein Junge sein wollte. Man wünschte sich, als Junge geboren zu sein, denn dann durfte man auf Bäume klettern, und wenn man groß war, konnte man Matrose werden oder etwas in der Art ... Als kleines Mädchen bekommt man ständig gesagt, was man nicht tun darf, und dann möchte man natürlich zu dem Geschlecht gehören, das die größeren Freiheiten genießt.

Die meisten Jungen möchten nicht gern Mädchen sein, denn sie begreifen bereits mit etwa sechzehn Monaten, dass es besser ist, ein Junge zu sein. Kinder wollen aktiv sein, und Aktivität bei Jungen wird gefördert – die Kleidung zu verdrecken oder zu raufen, das sind Dinge, die bei Mädchen unterdrückt werden. Wenn man ein wenig älter ist, erkennt man, dass das alles auf einem Entweder-oder-Denken basiert, für das es heute modische Ausdrücke wie das Androgyne oder Androgynität gibt, aber ich glaube nicht, dass man es so nennen sollte, weil man das Feld so den Polemikern überlässt.

Aber was ist mit den Menschen, die tatsächlich das Gefühl haben, im falschen Körper geboren zu sein?

Um noch einmal über die Wissenschaft zu reden: Ich denke, es gehört zu den großen Errungenschaften, dass es erstmals in der Geschichte dieses Planeten möglich ist, sein Geschlecht zu ändern.

Der berühmte Fall der Jan Morris ist deshalb so interessant, weil hier erstmals eine Person ihr Geschlecht geändert hat, die schon vorher publiziert hat, und man nun die Schreibweisen vergleichen kann. Wir haben sogar einen Bericht [Jan Morris'

Lebensgeschichte *Conundrum*] dieser intelligenten, gebildeten Person, was die Geschlechtsumwandlung für sie bedeutete.

Es wird zweifellos in Zukunft weitere solche Berichte geben, aber was an Jan Morris' Geschichte auffällt, ist, dass sie sich stark mit einer sehr konventionellen Vorstellung von Weiblichkeit identifiziert. Als James Morris sich vorstellte, wie sein Leben als Jan Morris wäre, dachte er: Ich würde gerne diese Art Kleider anziehen, ich würde mich so verhalten und so fühlen, und das alles in Begriffen, die für mich kulturelle Stereotype sind.

In der aktuellen Ausgabe der Zeitschrift *Encounter* gibt es einen Artikel von Jan Morris über eine Reise nach Venedig, die sie vor kurzem unternommen hat. [Der Artikel ›New Eyes in Venice‹ erschien 1978 in der Juni-Ausgabe von *Encounter*.] James Morris wiederum hat vor fünfundzwanzig Jahren ein ganz wunderbares Buch über Venedig geschrieben. Und jetzt reist Jan Morris fünfundzwanzig Jahre später mit ihren beiden jüngsten Kindern, deren Vater sie einmal war, wieder nach Venedig. Es ist phantastisch, den Artikel mit dem Buch zu vergleichen. Ich war erst vor zwei Wochen in Venedig, und bei jedem Aufenthalt – und ich bin oft dort – habe ich ein kleines Päckchen mit drei oder vier Büchern dabei, die ich dort lesen möchte. James Morris' Buch über Venedig ist immer darunter, und auch diesmal habe ich es wieder gelesen. Meine Erinnerung war also noch frisch, als ich nach Paris zurückkehrte und die aktuelle Ausgabe des *Encounter* mit dem Artikel von Jan Morris kaufte. Und das ist so offensichtlich ein Bericht, wie ihn nur eine Frau schreiben kann. Ich konnte nicht glauben, dass eine Geschlechtsumwandlung einen solchen Perspektivwechsel bewirkt, nämlich einen kulturellen Wechsel.

Was meinen Sie damit, wenn Sie sagen, dass Jan Morris den Artikel wie eine Frau schrieb?

Sie spricht die ganze Zeit nur von ihren Kindern. Der Artikel beginnt damit, dass sie nach Venedig reist und ihre beiden Kinder sie begleiten … und man denkt, nun, das ist bloß der Anfang. Aber dann geht es die ganze Zeit so weiter. Also: Mein Sohn fühlte das, und meine Tochter fühlte das, und es war mir ein solches Vergnügen, ihnen dabei zuzusehen, wie sie sich an Venedig erfreuten, ich empfand ein solches Hochgefühl, es durch ihre Augen zu sehen …

Sie beziehen sich hier aber nicht auf Hélène Cixous' Unterwassermetapher.

Nein, ich will damit sagen, sie schreibt wie eine Mutter.

Und wo ist da der Unterschied?

Das ist eine Rolle voll weiblicher Stereotype. Ich weiß, dass ich die auch einnehme – ich bin eine Mutter, und ich habe einen erwachsenen Sohn, für den ich viel empfinde. Und, ja, es ist wunderbar zu sehen, was er fühlt, und ich bin sehr an dem interessiert, was er macht. Ich rede mehr von ihm als jeder Vater eines Fünfundzwanzigjährigen, und ich gebe auch mächtig mit ihm an. Häufig fühle ich mich wohler, wenn er im Mittelpunkt steht und ich ihn beobachten kann, weil seine Entwicklung mich so stolz macht. Das alles sind konventionelle Einstellungen von Müttern.

Aber es gibt inzwischen auch männliche Mütter.

Gewiss, nur der Punkt ist: Woher kommt eine solche Haltung wie die meine? Ich glaube nicht, dass das biologisch ist, ich glaube, es ist kulturell geprägt. Und der Fall Morris' ist so interessant, weil er das erste Beispiel für etwas ist, von dem ich mir vorstelle, es könnte Verbreitung finden.

Ich persönlich denke, die Art, wie James Morris und Jan Morris über Städte geschrieben haben, ist gleichermaßen bemerkenswert. Jan Morris' unlängst im *Rolling-Stone*-Magazin erschienene Reiseessays über Los Angeles und Washington, D. C., sind nicht nur wunderbar geschrieben, sondern auch äußerst klug und verständig. Und ich habe beim Lesen nicht den Eindruck, dass sie über diese Orte wie eine Frau schreibt.

Nein, nein. Ich will auch gar kein Urteil über Jan Morris' schriftstellerische Arbeit generell abgeben. Ich möchte lediglich sagen, dass wir hier eine Person haben, die Anfang fünfzig ist, Reisereportagen schreibt und zwei ihrer Kinder auf eine Kurzreise mitnimmt. Und kein Mann könnte so schreiben, wie Jan Morris es getan hat. James Morris hätte seine Kinder mitnehmen können, aber er hätte nicht in der gleichen Weise darüber geschrieben. Und das liegt an der Macht der Stereotype. Ich bin nicht gegen diesen jüngsten Artikel, aber es scheint einfach so, dass man sich, je nachdem, welchem Geschlecht man angehört oder – in diesem seltenen Fall – welches Geschlecht man gewählt hat, gewisse Eigenarten zuschreibt, indem man etwa sagt: Ich habe diese Art von Sinnlichkeit, ich habe diese Art affektives Verhältnis jungen Menschen gegenüber, ich bin beschützender und vielleicht in gewisser Weise auch zurückhaltender, weil ich eine Frau und kein Mann bin. Aber natürlich können Männer, wie Sie sagen, ganz genauso empfinden.

In ›Das alte Lied‹ ist der Erzähler und Protagonist absichtlich nicht als Mann oder Frau gekennzeichnet. Kürzlich sagte Isaac Bashevis Singer, dass, »wenn man, sagen wir, einen Großstadtroman über einen einfachen Menschen schreiben will, man damit niemals Erfolg haben wird. Denn so etwas wie einen ›einfachen Menschen‹ gibt es nicht.« Ihre Erzählung scheint Singers Behauptung jedoch zu widerlegen.

›Das alte Lied‹ spielt mit der Vorstellung, dass Charakteristika dieser Art keine große Bedeutung haben, bedeutsam ist vielmehr die Möglichkeit, verschiedene Standpunkte einnehmen zu können. In der gleichen Weise spielt die Erzählung ›Baby‹ mit der Vorstellung, dass man einen Erzähler in der ersten Person Plural haben kann und es keine Rolle spielt, wer als Mutter und wer als Vater mit der Figur des Psychiaters redet, weil die beiden als eine Einheit auftreten. Sie sind siamesische Zwillingseltern.

Noch lieber wäre es mir natürlich gewesen – aber die grammatischen Konventionen zwingen einen leider zu Stereotypen –, wenn ich den Jungen als »es« anstatt als »er« hätte bezeichnen können. Solange das »Baby« noch ein Baby ist, geht es. Das Geschlecht eines Babys ist während der ersten Monate linguistisch unbestimmt. Ich erinnere mich, dass mein Mann und ich nach Davids Geburt sagten: »Das Baby, was macht das

Baby?« Weil es noch nicht »David« war. Ich weiß nicht genau, ob es im dritten, vierten oder sechsten Monat ist, oder vielleicht auch, wenn das Baby zu sprechen beginnt, dass man es mit seinem Namen anspricht. Aber da ich beschlossen hatte, das Kind in meiner Erzählung sollte immer Kind bleiben – als Säugling, Heranwachsender und junger Erwachsener –, konnte ich nicht einfach »es« sagen. Das hätte zu komisch geklungen, und ich musste mich entscheiden. Also habe ich ein »er« daraus gemacht, aber es hat mich geärgert. Ich meine, warum sollte es gerade ein »er« sein?

›Baby‹ ist eine meiner eher autobiographischen Erzählungen. Ich verarbeite darin Ereignisse aus meiner eigenen Kindheit und der meines Sohnes. So konnte ich sowohl das Kind als Opfer als auch den monströsen Elternpart spielen. Ich glaube, ich war eine gute Mutter, aber ich weiß, dass Eltern auch Monster sind und von Kindern zu Recht als solche wahrgenommen werden. Sie sind so viel größer: Als kleines Kind kommen einem die Eltern wie Riesen vor! Ich musste mich also all diesen komplizierten Gefühlen stellen, ohne die Dinge zu vereinfachen – meinem Gefühl, als Kind ein Opfer gewesen zu sein, was jedes Kind versteht, aber auch meiner Rolle als Elternteil, und dann allen diesen Gefühlen einfach freien Lauf lassen.

Fühlen Sie sich beim Schreiben als Frau, als Mann oder als körperloses Wesen?

Ich empfinde das Schreiben als sehr sterile Tätigkeit, was einer seiner Mängel ist. Ich esse nicht, oder ich esse sehr unregelmäßig und schlecht und lasse Mahlzeiten aus, und ich versuche, so wenig wie möglich zu schlafen. Mein Rücken schmerzt, meine Finger schmerzen, ich leide unter Kopfschmerzen. Und es reduziert das sexuelle Verlangen. Wenn ich jemanden sexuell begehre und mich dann in ein Schreibprojekt stürze, folgt meistens eine Phase der Enthaltsamkeit, weil ich meine gesamte Energie in das Schreiben stecken möchte. Aber das liegt an meiner Art zu schreiben. Ich bin völlig undiszipliniert und kann nur in sehr intensiven, obsessiven Schüben schreiben.

In der Vergangenheit haben Sie schlechte Rhetorik als distanzierte Rhetorik gekennzeichnet, als vom Körper und damit auch vom Gefühl abgetrennte Rede. Ich vermute, dass Sie über das Schreiben Ähnliches sagen würden. Und Sie haben von sinnlicher Rhetorik als einem Ausdrucksmittel der Sinne gesprochen. Wie geht das mit dem zusammen, was Sie eben über Ihre Schreibgewohnheiten gesagt haben?

Nun, auf sehr unmittelbare Art und Weise, weil es zu den Dingen gehört, die ich an meiner Arbeitsweise zu ändern versuche. Ich würde gern lernen, so zu schreiben, dass es weniger strapaziös für meinen Körper ist, und ich habe auch schon erste Fortschritte gemacht. Zunächst einmal, obwohl mein Gesundheitszustand nicht mehr alarmierend ist – meinen Ärzten zufolge gibt es einigen Grund für Optimismus –, fühle ich mich immer noch schwach, und anders als früher mache ich mir begründete Sorgen um einen Rückfall. Früher war ich nie ernstlich krank und glaubte, meinem Körper jede nur erdenkliche Strapaze zumuten zu können. Ich möchte also aus gesundheitlichen Gründen nicht mehr so schreiben wie früher, weil ich Angst habe, mein Immunsystem zu schwächen. Aber ich habe auch darüber nachgedacht, dass eine veränderte

Arbeitsweise meinen Texten guttun würde, und zwar aus genau dem Grund, den Sie gerade angesprochen haben.

Der Körper meldet sich ständig mit einer Fülle an Empfindungen zu Wort – nicht nur, wenn man Sex hat oder erotische Phantasien: Es geschehen Dinge im Kopf, und der Körper ist ebenfalls im Kopf. Ich versuche mir vorzustellen, wie es wäre, ganz und gar entspannt zu schreiben. Nehmen Sie an, Sie würden einen Samtumhang tragen und sonst nichts! Würden Sie anders schreiben? Ich denke schon.

Sitzen Sie beim Arbeiten auf einem Stuhl am Schreibtisch?

Die ersten Entwürfe schreibe ich gewöhnlich auf dem Bett liegend. Sobald ich etwas habe, das ich in die Maschine tippen kann, setze ich mich auf einen Holzstuhl an den Tisch, und alles Weitere passiert dann an der Schreibmaschine. Wie schreiben Sie?

Am Schreibtisch, auf einem ziemlich harten Stuhl sitzend, mit jeder Menge Zeug um mich herum.

Glauben Sie nicht, Sie würden anders schreiben, wenn Sie in Samt gehüllt wären? [*Lacht.*] Es gibt so viele Geschichten, zum Beispiel über Goethe, oder war es doch Schiller?, der beim Schreiben seine Füße in warmes Wasser stellte. Oder Wagner, der nur in einem Seidenmantel und mit Räucherwerk und Parfum im Raum komponieren konnte.

Haydn trug beim Komponieren angeblich eine Lockenperücke.

Ich habe auch schon von jemandem gehört, der zum Schreiben immer seine besten Sachen anzog. Ich trage Blue Jeans, einen alten Pulli und Turnschuhe.

Vladimir Nabokov schrieb seine Bücher an einem Stehpult auf Karteikarten.

Ich kann mir nicht vorstellen, im Stehen zu schreiben. Aber vermutlich kann man seinen Körper daran gewöhnen.

Glauben Sie, dass der Stil ein anderer wird, wenn sich der Körper verändert?

Ich denke schon. Bei meinem eigenen Schreiben habe ich zum Beispiel festgestellt, dass ich heute dazu neige, Bilder zu unterdrücken. Auch hier kommt wieder die Idee zum Tragen, dass die Dinge sind, was sie sind, und nicht irgendetwas anderes. Manchmal benutze ich Bilder, aber ich habe gewisse Vorbehalte dagegen.

Ich habe eine Liste mit vier Adjektiven aufgestellt, von denen ich glaube, dass sie Ihren Schreibstil kennzeichnen: *schlank, gemessen, gelassen, schmucklos.*

Schmucklos sagt mir am meisten zu. Ich glaube, das war schon immer meine Vorstellung vom Schreiben. Ich hatte stets den Eindruck, das Vergängliche an vielen Büchern sei der sprachliche Zierrat, ein Stil für die Ewigkeit müsse schmucklos sein.

Allerdings faszinieren mich von den amerikanischen Schriftstellern am meisten Elizabeth Hardwick und William Gass, deren Schreiben kaum weniger mit meinem zu tun haben könnte – und die sich auch untereinander stark voneinander unterscheiden, jedoch beide sehr viele Bilder benutzen und Dinge aus Bildern entwickeln oder in Bilder münden lassen.

Jemand sagt: »Die Straße ist gerade.« Schön und gut. Und dann: »Die Straße ist schnurgerade.« Für mich besteht ein gewaltiger Unterschied zwischen den beiden Sätzen. Tief in mir fühle ich, dass »Die Straße ist gerade« alles ist, was man braucht und sagen sollte, und alles andere nur für Verwirrung sorgt. Allerdings habe ich immer mehr Vergnügen an Sätzen wie: »Die Straße ist schnurgerade.« Dennoch, wenn man sagt: »Da ist die Straße« und »Da ist die Schnur« – was hat da das eine mit dem anderen zu tun? Das irritiert mich.

Kommen wir zu dem zurück, wovon Sie vorhin gesprochen haben, dass Sie Ihre Art zu schreiben gerne verändern möchten.

Ja, ich würde gerne anders schreiben. Ich würde gerne eine andere Art von Freiheit erleben. Ich habe zwar als Schriftstellerin einige Freiheiten, andere aber habe ich noch nicht kennengelernt, und ich werde sie nur finden, wenn ich sie ausprobiere. Kafka sagte, man kann zum Schreiben gar nicht einsam genug sein, und er hatte recht.

Glauben Sie nicht, dass die Art und Weise, wie jemand schreibt, mehr von seinem Nervensystem abhängt als von seiner Kleidung?

Ich glaube, es gibt stärkere Einflüsse als das Nervensystem. Mein Nervensystem ist zweifellos anders, als es vor zwanzig Jahren war. Ich habe als Erwachsene eine sehr bescheidene Menge psychedelischer Drogen konsumiert. Gras zu rauchen – auch wenn es nie besonders viel war – hat mein Nervensystem verändert. Es hat mir beispielsweise geholfen, mich zu entspannen. Das klingt banal, aber es stimmt. Bevor ich Marihuana geraucht habe, konnte ich mich nicht wirklich entspannen. Und meinen ersten Joint habe ich erst mit zweiundzwanzig geraucht. Den brauche ich heute nicht mehr, um mich zu entspannen. Aber ich bin dadurch in Kontakt mit einem Teil von mir gekommen, den ich dafür brauchte. Ich hatte vorher keine Ahnung, wie wichtig es ist, sich zu entspannen, und wie produktiv [lacht], ich kannte es einfach nicht. Durch die Drogen habe ich eine Form von Passivität kennengelernt, die gut für mich ist, weil ich immer sehr nervös war und immer etwas tun musste. Ich spreche von einer positiven Art von Passivität, im Sinne Wilhelm Reichs.

Ich war ein furchtbar unruhiges Kind und war so verwirrt darüber, Kind zu sein, dass ich mich ständig bewegen musste. Mit acht oder neun Jahren war ich der reinste Wirbelwind und konnte keine Minute stillsitzen. Als ich dann mit Anfang zwanzig anfing, Gras zu rauchen, merkte ich, dass ich einfach nur einen tiefen Zug nehmen musste, um für einen Moment runterzukommen. Das war eine Lektion, die mein Nervensystem lernte. Die Fähigkeit, zu entspannen, hat mein Leben ein Stück besser gemacht. Ich bin weniger nervös, ich zapple weniger herum, und ich kann Dinge mit mehr Gelassenheit tun – obwohl ich das vermutlich auch durch Billard statt durch Gras hätte lernen können [lacht]. Aber es hat mir tatsächlich geholfen. Meinen Stil hat es jedoch nicht verändert. Deshalb sage ich auch, dass das Schreiben sich sehr viel stärkeren Einflüssen verdankt.

Beim Schreiben schöpft man aus sehr vielen Quellen. Zum Beispiel aus dem, was man bewundert. Obwohl Einflüsse sich natürlich auch erschöpfen können. Als ich sechzehn war, schwärmte ich für Gerard Manley Hopkins und Djuna Barnes. Heute kann ich die beiden nicht mehr lesen, obwohl sie natürlich beide auf ihre Art wunderbare Schriftsteller sind. Ich habe schon alles von ihnen gelernt, was ich von ihnen lernen konnte. Ihre Bücher sind in meinem Kopf eingraviert, ich habe sie ganz in mich aufgenommen und kenne sie in- und auswendig. Warum sollte ich sie also noch einmal lesen? Eigentlich geht es mir sogar darum, von all dem wegzukommen, was ich von ihnen gelernt habe.

Ich glaube, es ist ganz natürlich, etwas völlig aufzusaugen, wenn man jung ist. Das gehört zum Jungsein dazu. Man ist zu diesem Zeitpunkt besonders aufnahmefähig, weil man noch nichts weiß und mit Feuereifer nach Vorbildern sucht. Anders als Harold Bloom glaube ich nicht, dass es im Sinne Freuds eine Art mörderischen Impuls gibt, diese Einflüsse zu zerstören. Ich denke, man kann über Einflüsse auch einfach hinauswachsen, wenn sie einem nichts mehr nützen, und dass es einen natürlichen Impuls gibt, seinen Vorbildern zu widersprechen und Alternativen auszuprobieren. Wenn mir heute bei der Prosa von Elizabeth Hardwick und William Gass das Wasser im Mund zusammenläuft, dann genau deshalb, weil ich vor zwanzig Jahren nicht so reagiert hätte. Vor zwanzig

Jahren ist es mir so mit Kafka ergangen, aber ich glaube, ich habe alles von Kafka gelernt, was ich von ihm lernen konnte. Ich finde es aufregend, mich neuen Dingen zuzuwenden, die mir erst einmal fremd sind – nicht aus einem Gefühl der Unzufriedenheit mit dem, was mich geprägt hat, sondern weil ich frisches Blut und neue Nahrung brauche. Und weil ich das mag, was ich nicht bin. Ich möchte verstehen, was ich nicht bin oder nicht weiß. Ich bin neugierig.

Ich erinnere mich, dass ich auf der Highschool Jane Austen und Stendhal las und nichts damit anfangen konnte. Und dann las ich sie Jahre später wieder und war überwältigt.

Das ging nicht nur Ihnen so. Auch ich habe *Stolz und Vorurteil* und *Rot und Schwarz* als Teenager gelesen und gedacht: Was ist daran so großartig? Und dann habe ich sie mit Anfang dreißig wieder gelesen und hielt sie für das Größte überhaupt. Ich stimme Ihnen durchaus zu, dass man für bestimmte literarische Werke einen gewissen Erfahrungsschatz braucht. Andererseits habe ich vor zwei Jahren *Die Brüder Karamasow* wieder gelesen und war mindestens ebenso begeistert wie als Teenager. Es ist für mich das spannendste, leidenschaftlichste, inspirierendste, erhabenste Buch, das je geschrieben wurde … Nach der Lektüre schwebte ich wochenlang wie auf Wolken. Ich dachte: Das ist unglaublich, jetzt weiß ich, wofür es sich zu leben lohnt! So viele Jahre waren seit der ersten Lektüre vergangen, und ich fühlte genau das Gleiche wie damals mit siebzehn. Ich glaube, *Die Brüder Karamasow* kann man in jedem Alter lesen, und es wird einem immer etwas geben. Anders ist es, sagen wir, mit *Rot und Schwarz* oder *Die Goldene Schale*, für die man erwachsen sein muss.

Ich habe *Die goldene Schale* im College gelesen und war davon fasziniert, aber vielleicht habe ich, wie Sie, eine gewisse Substanz zu häufig inhaliert, weil ich nicht sicher bin, ob ich heute noch einmal die Konzentration aufbrächte, den Roman zu lesen.

Kennen Sie *Prinzessin Casamassima* von Henry James? Ein großartiges Buch, Sie sollten es lesen – es hat viel mit der Zeit um 1960 zu tun!

Es ist doch so: Wenn man sich in diese Welt begibt, eine Welt der Schwärmerei, probiert man ständig neue Rezepte und Gerichte aus, und dann folgt ein kulinarischer Schmaus, von dem man dies oder jenes erwartet. Ich denke aber auch, dass man Dinge ausschöpfen kann und doch immer wieder zu ihnen zurückkehrt. Und deshalb sollte man auch nie abschließende Urteile fällen … obwohl es, wie gesagt, gewisse Dinge gibt, die fest zur eigenen Kindheit gehören und die man nicht mehr wiederholen kann.

Gibt es ein bestimmtes Buch, das Sie in Ihrer Kindheit gelesen haben und das in Ihnen den Wunsch weckte, Schriftstellerin zu werden?

Das Buch, nach dessen Lektüre ich Schriftstellerin werden wollte, war *Martin Eden* von Jack London – und es endet mit einem Selbstmord! Ich las es mit dreizehn. Heute könnte ich es wohl nicht mehr mit der gleichen Begeisterung lesen – Londons Bücher sind für einen Erwachsenen von heute keine befriedigende Lektüre.

Was war das erste Buch, das Sie wirklich fasziniert hat?

Das war die Biographie von Madame Curie, geschrieben von ihrer Tochter Eve, Anfang der vierziger Jahre ein sehr berühmtes Buch. Ich muss es mit sieben gelesen haben, vielleicht auch noch früher, mit sechs.

Sie haben mit sechs Jahren Bücher gelesen?

Ja, ich habe mit drei Jahren angefangen zu lesen. Der erste Roman, der mich beeindruckt hat, war *Die Elenden* – ich habe in einem fort geheult und geschluchzt. Als Kind liest man die Bücher, die zu Hause herumliegen. Mit dreizehn waren es Mann und Joyce und Eliot und Kafka und Gide – fast ausschließlich Europäer. Die amerikanische Literatur habe ich erst sehr viel später kennengelernt. Ich entdeckte zahlreiche Autoren in Ausgaben der Modern Library in einer Hallmark-Filiale, die vorwiegend Glückwunschkarten verkaufte. Ich sparte mein Taschengeld und kaufte mir nach und nach alle Bände. Es waren auch echte Fehlgriffe dabei, wie Adam Smiths *Der Wohlstand der Nationen* [*lacht*]. Ich dachte, *alles* in der Modern Library müsse großartig sein.

Aber als Sie auf der Highschool waren, müssen Sie Bücher von sehr viel geringerer Qualität gelesen haben als die, die Sie gerade erwähnt haben. Zu meiner Zeit mussten alle *Silas Marner* von George Elliot lesen.

Mir ging es nicht anders. Ich besuchte die Highschool Ende der vierziger Jahre und das College Anfang der fünfziger Jahre. Ich bin zwar zehn Jahre älter als Sie, aber ich bin sicher, dass unsere Highschool-Curricula ziemlich ähnlich waren.

Sie haben Anfang der sechziger Jahre am Columbia College unterrichtet, als ich dort Student war.

Die Jahre am Columbia College waren fabelhaft, und ich denke mit nostalgischen Gefühlen daran zurück. Ich gab Kurse in Geisteswissenschaften und Kulturwissenschaften. Dafür musste ich zum Beispiel einmal im Jahr die *Ilias* lesen. Viele Leute fragen mich, woher ich meine ganzen Bezüge habe. Nun, viele meiner Quellen kenne ich tatsächlich auswendig, weil ich diese Bücher zehn Jahre lang gelehrt habe.

Als ich *Krankheit als Metapher* schrieb, musste ich nur ganz wenige Dinge nachschlagen. Ich konnte mich noch an die Pest aus dem Zweiten Buch der *Ilias* und die bei Thukydides und bei Boccacio erinnern, und mir wurde bewusst, wie pragmatisch Krankheit bis zur Zeit der Romantik betrachtet wurde. In diesen frühen Büchern wird Krankheit nicht als psychischer Zustand oder apokalyptisches Schicksal gefasst – es geht immer nur darum, wie man sie kontrollieren, handhaben und vernünftig damit umgehen kann. Als ich genauer nachforschte, konnte ich keinen Gebrauch der Krankheitsmetapher, also der

Vorstellung von Krankheit als Stellvertreter der extremsten Bedingungen menschlicher Existenz, vor Mitte des achtzehnten Jahrhunderts finden.

Man kann diese Entwicklung auch bei vielen anderen Phänomenen sehen. Vor Beginn der Neuzeit waren die Vorstellungen von Sexualität beispielsweise viel nüchterner als heute. Ich will damit nicht sagen, dass Sexualität den Menschen damals nichts bedeutete, aber sie betrachteten sie nicht »romantisch« im Sinne von *verliebt sein*. Ich halte das Verliebtsein jedoch nicht für eine Erfindung der provenzalischen Troubadoure – ich glaube eher, dass die Liebe damals extrem verklärt wurde und ihr als Idee eine zentrale und sogar institutionalisierte Rolle zukam. Es gibt zahllose Beispiele für erotische oder romantische Leidenschaft, zum Beispiel in der antiken oder orientalischen Literatur. In den *Geschichten des Prinzen Genji* der kaiserlichen Hofdame Murasaki Shikibu etwa findet sich die Vorstellung von romantischer Liebe. Ich meine, die Menschen wussten, was es bedeutet, von jemandem besessen zu sein.

Was Krankheit und Liebe angeht, habe ich *Der Zauberberg* von Thomas Mann und *Zeno Cosini* von Italo Svevo immer als Bücher betrachtet, in denen es um diese beiden Themen geht – wobei der letztere Roman ein unbekümmertes und ironisches Gegenstück zur Schwere und Bedeutungstiefe des ersteren ist. Sie haben über Krankheit geschrieben, aber noch nicht über Liebe.

Das würde ich gerne! Aber man braucht Mut, um über die Liebe zu schreiben, weil es immer so scheint, als würde man über sich selbst schreiben und die Leute wüssten dann etwas von einem, das sie nicht wissen sollten, und man möchte doch seine Privatsphäre wahren. Auch wenn ich nicht über mich selbst schreibe, werden die Leute es so verstehen, deshalb halte ich mich lieber zurück. Tatsächlich mache ich mir seit vielen Jahren Notizen für einen Essay über die Liebe. Es ist eine sehr, sehr alte Leidenschaft.

Es ist interessant, dass Sie von Zurückhaltung sprechen, da Sie heute auf mich weit weniger reserviert wirken als bei unserer ersten Begegnung Anfang der sechziger Jahre.

Ja, das stimmt.

Als ich vor kurzem Ihren Essay ›Reise nach Hanoi‹ wieder las, fielen mir diese Sätze auf: »Ich sehne mich nach jemandem, der indiskret wäre. Der über sein persönliches Leben spräche, seine Emotionen. Sich von ›feeling‹ fortreißen ließe.« Und im zweiten Teil des Essays beginnen Sie Nordvietnam auf eine Art zu betrachten, als handelte es sich dabei um ein zuvor undurchsichtiges Kunstwerk, das sich Ihnen plötzlich geöffnet hat. Und das Ihnen als Kunstwerk näher war.

Ich habe erst im zweiten Teil des Essays über bestimmte Dinge geschrieben, weil ich es für wichtig hielt, anzuerkennen, dass die Vietnamesen anders sind als wir. Ich mag diese liberale Vorstellung von »wir sind alle gleich und alle eine große Familie« nicht. Ich glaube, es gibt sehr wohl kulturelle Unterschiede, und es ist sehr wichtig, diese Unterschiede anzuerkennen. Deshalb kämpfte ich nicht länger darum, dass die Vietnamesen mit mir auf eine Art und Weise umgingen, die mir vertraut war, weil ihre Art, Großzügigkeit auszudrücken, anders als meine ist. Sie haben ihre eigene Tradition des Handelns und Sprechens, und Vertraulichkeit bedeutet für sie etwas anderes als für uns. Ich habe dadurch etwas über Respekt gelernt. Die Welt ist kompliziert und geht nicht immer mit unseren Erwartungen und Vorstellungen konform.

Sie erwähnen in diesem Essay, dass Sie kurz zuvor Kuba besucht haben und die Kubaner uns sehr viel ähnlicher waren – überdreht, vertraulich, redselig – und die Vietnamesen sehr viel formeller, bedächtiger und kontrollierter waren. Für mich schien es so, als würden Sie den Unterschied zwischen einem Film von Marcel Pagnol oder Jean Renoir und einem Film von Robert Bresson beschreiben. Wenn diese Gesellschaften Filme wären, hätten Sie vermutlich beide sofort akzeptiert.

Völlig richtig. Sie sprechen da etwas an, das ganz zentral für mich ist. Natürlich bin ich in meinem Leben sehr viel provinzieller als in meinem Kunstverständnis, das viel ökumenischer und differenzierter ist. Und ja, mein Leben ist eher eng. Ich mag Intimität – eine jüdische Art von Intimität, um es mit einem Codewort zu sagen. Ich mag Leute, die viel reden, die von sich selbst reden, die warmherzig und körperbewusst sind. Ich lebe nicht in einem Film von Bresson oder Pagnol, sondern in meinem Leben und muss meine eigenen Grenzen überwinden.

Sagen wir also, meine privaten Vorlieben sind provinzieller

oder regionaler oder ortsgebundener. Daran scheint mir nichts falsch zu sein. Ich möchte gar nicht auf eine Weise losgelöst sein, dass mir egal ist, wie die Leute um mich herum agieren, weil ich tatsächlich empfänglich für alle Menschen bin, wie auch immer sie ticken. Die meisten meiner Freunde sind sehr direkt, weil das eine Eigenschaft ist, die ich mag. Ich selbst bin etwas verklemmt und deshalb gern mit Leuten zusammen, die weniger gehemmt sind als ich, weil ich dann aus mir herauskomme und mich gut fühle. Ich habe ja nur dieses eine Leben. Aber wenn ich mich mit Filmen oder ähnlichen Dingen beschäftige, denke ich über die Welt nach, und dann fühle ich mich vollkommen wohl mit der Vorstellung, dass die einen Menschen sich auf diese und die anderen sich auf jene Art verhalten.

Wenn Sie über Liebe als Thema oder auch als Gefühl nachdenken, tun Sie das in der offenen Art, wie Sie Filme betrachten, oder in der zurückhaltenden und weniger bedingungslosen Art, die Ihrer privaten Lebensweise entspricht?

Der entscheidende Wendepunkt war der Vietnam-Essay, weil ich darin das erste Mal über mich selbst geschrieben habe – wenn auch nur sehr zögerlich – und es mir beim Schreiben wie ein gewaltiges Opfer vorkam. Ich dachte, o ja, ich hasse diesen Krieg, und ich mache das hier, um meinen kleinen Beitrag zu leisten. Es war ein willentliches Opfer. Ich wollte ja nicht über *mich* schreiben, ich wollte über *sie* schreiben. Aber dann wurde mir bewusst, dass ich am besten über sie schrieb, indem ich mich mit einschloss. Das hat mich verändert. Ich erkannte, dass mir als Schriftstellerin eine gewisse Freiheit zustand, die mir zuvor nie erstrebenswert erschienen war. Danach habe ich vorsichtig begonnen, diese Freiheit in einigen meiner Erzählungen zu erforschen.

Sie haben einmal gesagt: »Ein Ereignis, das neues Fühlen bewusst macht, ist die wichtigste Erfahrung, die ein Mensch machen kann.« Und Sie haben auch gesagt: »Es ist nicht einfach, gelassen zu lieben, ohne Hintersinn zu vertrauen, ohne Selbstironie zu hoffen, mutig zu handeln, mühselige Aufgaben mit unbegrenzten Ressourcen von Energie zu bewältigen.« Als ich das las, war ich ähnlich bewegt wie bei Charlie Chaplins großer humanistischer Rede am Ende von *Der große Diktator*.

Ich wünschte, ich wäre so, aber es ist so schwierig. Das Bewusstsein ist ein unfassbares Instrument – sobald man sich etwas bewusst gemacht hat, drängen auch schon wieder neue Aspekte ins Bewusstsein. Und sobald man ein Ideal für sich formuliert hat, sieht man auch schon die Grenzen dieses Ideals.

Die Sätze, die ich gerade zitiert habe, klingen beinahe so, als stammten sie von Plutarch oder Konfuzius, also aus einer Zeit, in der heroische Gefühle und Taten idealisiert wurden.

Ich habe für die Vorstellung eines edlen Verhaltens sehr viel übrig. Begriffe wie *Edelmut* klingen jedoch heute in unseren Ohren fremd und blasiert, um es vorsichtig zu sagen.

In *Reise nach Hanoi* schreiben Sie über die Selbstverbrennung von Norman Morrison. [Aus Protest gegen das Eingreifen der Amerikaner in den Vietnamkrieg übergoss sich der einunddreißigjährige Norman Morrison 1965 vor dem Büro des Verteidigungsministers Robert S. McNamara mit Benzin und verbrannte sich.] Sie sagen in Ihrem Essay, dass für die Vietnamesen weniger die »praktische Wirksamkeit« seines Opfers zählte als »das moralische Gelingen seiner Tat, ihre Vollendung als Akt der Selbsttranszendenz«. Seltsamerweise geht es in Ihrem Essay über die Ästhetik des Schweigens um genau die gleiche Frage, und ich hatte das Gefühl, als würden in Ihrem Vietnam-Essay Kunst und Leben näher zusammenrücken.

Nun, ich glaube, das tun sie tatsächlich. Und in meinem Buch über Krankheit rücken sie auf gewisse Weise auch näher zusammen, weil es das Ergebnis einer aufwühlenden Erfahrung ist. Am engsten, so hoffe ich, kommen sie in meinen literarischen Texten zusammen. Als ich die Fahnen von *Ich, etc.* Korrektur gelesen habe, war ich verblüfft, dass die Erzählungen für mich als Leserin, nicht als Autorin, ein gemeinsames Thema hatten, nämlich die Suche nach Selbsttranszendenz, den Versuch, ein anderer oder besserer, ein edler oder moralischer Mensch zu werden – in dem Sinne, dass alles, was man anstrebt oder für wichtig hält, eine moralische Qualität hat, weil es die Eigenschaft einer Kunst oder eines Imperativs oder eines Ziels oder eines Ideals annimmt.

Ich wollte später noch über Ihre Erzählungen sprechen. Aber um noch einmal auf den Gegensatz von Zurückhaltung und Offenheit zurückzukommen …

Es ist so kompliziert, weil ich bestimmte Vorstellungen vom Kindsein und vom Erwachsensein habe, aber ich weiß wirklich nicht, ob sie brauchbar sind. Ich lasse diese Vorstellungen immer wieder in meinem Kopf kreisen, und manchmal denke ich, dass es gar keinen Unterschied gibt und es sich bloß um eine künstliche Trennung handelt, die womöglich nur darauf basiert, dass wir älter werden und unsere Haut faltig wird. Wen kümmert das? Was macht es schon, wie alt man ist? Wir sollten unsere Handlungen nicht davon abhängig machen, was wir für kindlich und was wir für erwachsen halten. Ich verbinde bestimmte Vorstellungen mit Kindheit – und damit meine ich nicht meine eigene Kindheit –, Werte, die auf der kindlichen Offenheit und Unschuld und Verletzlichkeit und Empfindsamkeit gründen, und denke, wie furchtbar es ist, dass wir als Erwachsene diese Eigenschaften nicht bewahren.

Ich habe also diese, aber auch eine ganze Reihe entgegengesetzter Vorstellungen, mit denen ich ständig ringe. Erst heute Morgen, als mich eine Freundin ins Krankenhaus begleitete und ich auf den Arzt wartete, kamen wir auf dieses Thema. Ich sagte: »Nun, ich bin eine Erwachsene. Also sollte ich mich auch so benehmen.« Meine Vorstellung vom Benehmen eines Erwachsenen in diesem Kontext war, dass ich unabhängig und autonom sein und keine Angst haben sollte. Das Erwachsensein stand hier also für sehr positive Werte – nicht für den Verlust von Vorstellungskraft oder die Idee, innerlich zu vertrocknen und zu erstarren. Nein, Erwachsensein bedeutete Freiheit, Autonomie, Tapferkeit, Wagemut, Wachsamkeit und Autarkie. Ich wollte das Kind in mir loswerden.

Was ich damit sagen will, ist, dass unsere Vorstellungen von Liebe unauflöslich mit unserer ambivalenten Einstellung gegenüber diesen beiden Lebensphasen verknüpft sind, den positiven und negativen Beurteilungen von Kindheit und den positiven und negativen Beurteilungen von Erwachsensein. Und ich glaube, dass zu lieben für viele Menschen eine Rückkehr zu den Werten der Kindheit bedeutet, die von den starren, mechanisierten Zwängen von Arbeit, Regeln, Verantwortung und Unpersönlichkeit, die die Welt der Erwachsenen bestimmen, so oft unterdrückt werden. Ich meine, Liebe ist Sinnlichkeit und Spiel und Verantwortungslosigkeit und Hedonismus und Leichtsinn, und man denkt darüber in Begriffen wie Abhängigkeit, Schwäche, emotionale Versklavung und Übertragung der Eltern- oder Geschwisterrolle auf den Geliebten. Man reproduziert einen Teil seines Lebens als Kind, als man nicht frei war, sondern von seinen Eltern abhing, besonders von seiner Mutter.

Wir erwarten alles von der Liebe. Wir wollen, dass sie alle Ketten sprengt. Wir wollen, dass sie der Kitt ist, der die Familie zusammenhält, ein geordnetes gesellschaftliches Leben ermöglicht und dafür sorgt, eine Vielzahl materieller Prozesse von einer Generation auf die nächste zu übertragen. Aber ich glaube, dass die Verbindung zwischen Liebe und Sex sehr geheimnisvoll ist. Zur modernen Ideologie von Liebe gehört die Annahme, Liebe und Sex gingen immer zusammen. Ich vermute, das kann so sein, aber nur auf Kosten des einen oder des anderen. Und wahrscheinlich ist es das größte Problem des Menschen, dass sie eigentlich nicht zusammengehen. Warum wollen die Menschen überhaupt verliebt sein? Das ist eine sehr interessante Frage. Mancher sehnt sich nach einem Gefühl, das man hat, wenn man zum zweiten Mal in eine Achterbahn steigt, selbst wenn man weiß, dass es einem das Herz brechen wird. Was mich an der Liebe fasziniert, sind die kulturellen Erwartungen und Werte, die man in sie hineingelegt hat. Ich bin immer wieder verwundert von Leuten, die sagen: »Ich hatte mich verliebt, ich war blind vor Leidenschaft und schlitterte in diese Affäre.« Und dann folgt eine detailreiche Schilderung, bis man schließlich fragt: »Und wie lange hat es gedauert?« Und die Person sagt: »Eine Woche, ich konnte sie oder ihn nicht länger ertragen.«

Ich war nie kürzer als mehrere Jahre lang verliebt. Und ich war nur sehr wenige Male in meinem Leben verliebt. Aber jedes Mal ging es immer weiter und weiter und endete – wie vorauszusehen – in einer Katastrophe. Ich weiß nicht, was es bedeutet, für eine Woche verliebt zu sein. Wenn ich sage, ich war verliebt, habe ich tatsächlich ein ganzes Leben mit dieser Person verbracht: Wir haben zusammen gelebt, haben uns geliebt, sind verreist, haben vieles miteinander gemacht. Ich bin nie in jemanden verliebt gewesen, mit dem ich nicht auch geschlafen habe. Ich kenne allerdings viele Leute, die sagen, sie seien in jemanden verliebt gewesen, ohne mit ihm zu schlafen. Für mich klingt das wie: »Ich fand jemanden attraktiv, habe mir bestimmte Vorstellungen gemacht, die ich nach einer Woche begraben musste.« Ich weiß, dass ich ungerecht bin. Vermutlich ist meine eigene Vorstellungskraft einfach sehr begrenzt.

Was ist mit platonischer Liebe?

Natürlich habe ich Menschen leidenschaftlich geliebt, mit denen ich um nichts in der Welt ins Bett gegangen wäre, aber, ich denke, das ist etwas anderes. Freundschaftliche Liebe kann leidenschaftlich und zärtlich sein und auch den Wunsch nach einer Umarmung beinhalten. Aber das heißt noch lange nicht, dass man einander die Kleider vom Leib reißen will.

Bestimmte Freundschaften können aber erotisch sein.

Ich glaube, Freundschaft ist etwas sehr Erotisches, aber nicht notwendigerweise etwas Sexuelles. Ich halte all meine Beziehungen für erotisch. Ich kann mir nicht vorstellen, jemanden zu mögen und ihn nicht berühren oder umarmen zu wollen, es gibt also immer einen erotischen Aspekt. Vielleicht rede ich auch bloß von meiner eigenen Sexualität, aber ich fühle mich nur von sehr wenigen Menschen angezogen.

Was halten Sie von Stendhals Theorie der Liebe?

Ich finde *Über die Liebe* faszinierend, auch weil es eines der wenigen Bücher zu diesem Thema ist, aber Stendhal ließ sich zu sehr davon blenden, wer die Leute waren … Sie wissen schon, das war die Gräfin so und so, und hier war sie in ihrer Garderobe, und dort in ihrem Salon, und dort mit ihrem Ehemann, und dort mit dem Botschafter usw. Faszinieren Sie berühmte Leute auch dermaßen? Wirken sie erotisch auf Sie?

Nicht besonders, weil ich mich mehr zu Menschen hingezogen fühle, die etwas Kindliches haben, und das kann jeder sein.

Berühmte Menschen sind immer ganz versessen darauf, einem zu erklären, dass sie empfindsame kleine Wesen sind, haben Sie das noch nicht bemerkt? [*Lacht.*] Sie sind es so sehr leid, als etwas Außergewöhnliches behandelt zu werden, dass sie sich einem viel schneller öffnen als andere Leute.

Das gilt aber nicht für Sie, und Sie sind gewiss außergewöhnlich.

Das stimmt, aber wir kennen uns auch nicht auf diese Weise. Leuten, zu denen ich ein engeres Verhältnis aufbauen will, versuche ich sofort zu erklären, dass ich im Grunde wie ein Kind bin. Ich fühle mich dazu gedrängt, weil ich ein kreatürliches Verhältnis mit ihnen anstrebe, also mit dem Reden aufhören will. Es ist kein großes metaphysisches Konzept, aber ich denke, gewisse Dinge können nur im Stillen zwischen Leuten geschehen, und wenn man öffentlich bekannt ist, erwarten die Leute von einem, dass man sich in Szene setzt oder ununterbrochen redet. Ich treffe viele Leute, die wissen, wer ich bin, bevor ich weiß, wer sie sind. Wenn ich also an jemandem als Freund oder Liebhaber interessiert bin, dann möchte ich ihn einer kreatürlichen, schweigsamen Person vorstellen, der gegenüber er nicht nervös sein muss, und ich denke, das ist ganz natürlich. Ich mag ein Schweigen, durch das man hindurchsehen, hinter dem man den Menschen erkennen kann. Und ich möchte auch nicht das tun, was ich bei anderen beobachte – ganz besonders klugen Leuten –, die sich komplett aufspalten und sagen: »Also, kümmern Sie sich nicht um meine Bücher, die haben kaum etwas mit mir zu tun.« Sie üben sich in Bescheidenheit, damit ihr Gegenüber nicht eingeschüchtert ist, aber tatsächlich verleugnen sie sich selbst. Sie schieben ihr Werk beiseite und reden stattdessen über Wein und gutes Essen und das Wetter, weil sie das Gefühl haben, ihr Werk sei etwas, über das man nicht reden kann. Aber ich möchte über das reden, was mich interessiert, und mich nicht schlichter machen, als ich bin, weil ich sonst die Zuneigung des anderen auf einer falschen Grundlage gewinnen würde.

Der Schriftsteller Paul Goodman sprach oft davon, sich zu jungen Männern hingezogen zu fühlen, die sich überhaupt nicht für seine Anliegen interessierten und deren Reiz für ihn einfach nur in ihrer animalischen Anmut lag.

Ich wünschte, das ginge mir genauso ... allerdings gibt es da das berühmte Frühstücksproblem.

Und das wäre?

Das Problem, was man am Morgen danach tun soll. Worüber redet man? Dann kommt die Offenbarung: Man hat die Nacht mit jemandem verbracht, man sitzt gemeinsam beim Frühstück und stellt fest, dass der andere einen nur sexuell interessiert und dass man keinerlei Gemeinsamkeiten hat. Was macht man da?

Vielleicht verschwinden, bevor es hell wird? Aber eigentlich versuche ich solche Nächte und den Morgen danach zu vermeiden.

Als Mann hat man Ihnen beigebracht, dass es zur männlichen Sexualität gehört und ganz okay ist, rein sexuelle Verhältnisse zu haben. Aber bei Frauen ist das anders. Wenn ich mit einem Idioten am Frühstückstisch sitze, schäme ich mich, obwohl ich das nicht sollte. Und obendrein habe ich das Gefühl – und das ist Teil der weiblichen Konditionierung –, jemanden ausgenutzt zu haben. Und dann denke ich: »Nun, Männer machen dasselbe mit Frauen und fühlen sich dabei nicht so«, aber ich kann das Gefühl nicht unterdrücken, dass ich mich primitiv verhalten habe. Die männliche Sexualität funktioniert so. Aber anstatt zu denken: Ich habe mir jemanden fürs Bett geholt, gut für mich, das ist in Ordnung, warum auch nicht? – obwohl mir natürlich eine Welt lieber wäre, in der niemand sich so verhielte –, schäme ich mich, obwohl ich diese Scham nicht akzeptiere. Ich glaube, dass Frauen kulturell eine große hemmende Macht auf die männliche Sexualität ausüben. Kein heterosexueller Mann kann so promiskuitiv wie ein homosexueller Mann sein, weil er sich auf die Frauen einlassen muss, die mehr als zweieinhalb Minuten an einem x-beliebigen Ort verlangen.

Möglicherweise wollen sie sogar am nächsten Morgen gemeinsam frühstücken!

Ja, möglicherweise auch das [*lacht*]. Sex ist eine Gewohnheit wie jede andere, und man kann sich an ein gewisses Quantum an absolut unpersönlichem Sex, der leicht zu haben ist und genau zweieinhalb Minuten dauert, gewöhnen. Ich glaube, dass der Sexualtrieb unendlich formbar ist. Es scheint unwahrscheinlich, dass Menschen nicht Phasen durchlaufen, in denen das sexuelle Verlangen völlig verschwindet, um dann irgendwann wieder zurückzukehren. Unaufhörliches sexuelles Streben hat also weniger mit der Sache selbst als vielmehr mit Macht zu tun. Denken Sie nur an die vielen Wege, in denen Sex vom Wunsch nach Macht genährt wird, und manchmal scheint er ein kulturell sanktioniertes Mittel zu sein, das dazu dient, Gefühle von Unsicherheit, fehlendem Selbstwert und einem Mangel an Attraktivität zu unterdrücken.

Glauben Sie also, dass Sexualität in gewisser Weise eine Art Metapher darstellt?

Nein, Sexualität ist keine Metapher, aber mit jeder Menge Werten aufgeladen, die ihr nicht notwendigerweise zukommen. Sie kann diese Attribute zwar aufnehmen, doch inzwischen ist sie zu einer absolut überdeterminierten Aktivität geworden, überfrachtet mit immer neuen Werten und Formen der Selbstbehauptung und Vernichtung, die man durch den sexuellen Akt zum Ausdruck bringt – mit wem man sich einlässt, was für eine Art Person es ist, ob man es mit Liebe verknüpft. So ist diese gewaltige ausgefeilte Rhetorik entstanden, und man hat uns beigebracht, dass Sexualität in gewisser Weise die zentrale und einzige natürliche Aktivität unseres Lebens ist … was selbstverständlich Unsinn ist. Wirklich natürliche Sexualität kann man sich nur schwer vorstellen. Und ich denke nicht, dass sie irgendeinem von uns offensteht. Ich glaube, Sexualität bedeutet in unterschiedlichen Phasen unseres Lebens jeweils etwas anderes.

Ein Familientherapeut hat behauptet, es gäbe entweder symmetrische oder komplementäre Beziehungen – den Bund reiner Seelen also oder wechselseitige Abhängigkeitsbeziehungen.

Ich halte diese Einteilung für lächerlich, weil es nach diesen Maßstäben so gut wie gar keine symmetrischen Beziehungen geben kann. Außerdem ist diese Art, über Beziehungen zu reden, vollkommen ahistorisch. Sämtliche unserer Vorstellungen über Familie, Liebe und Beziehungen sind erst wenige

Jahrhunderte alt. Wissen Sie, Leute gebrauchen diese furchtbare Metapher einer *funktionierenden Beziehung* – als ob eine Beziehung eine Maschine wäre. Wir sind vollgestopft mit solchen Bildern und den Erwartungen, die mit ihnen einhergehen. Kennen diese Familientherapeuten eigentlich die festzementierten Ungleichheiten, die in unserer Kultur zwischen Mann und Frau und Jung und Alt etabliert sind? Was bedeutet in dieser Gesellschaft ein gleichberechtigtes Verhältnis zwischen Mann und Frau? Die meisten Menschen wären schon mit etwas zufrieden, das noch weit von Gleichberechtigung entfernt ist. Sie haben vom »Bund reiner Seelen« gesprochen, aber die eine Seele bleibt zu Hause, und die andere geht ins Büro.

Was ist mit Frauen, die irgendwo dazwischen stehen? Was ist mit Ihnen?

Ich hatte das Glück, ein Kind zu bekommen und zu heiraten, als ich noch sehr jung war. Ich habe es getan und muss es jetzt nicht mehr tun. Aber ich bin kein gutes Beispiel. Ich wollte nicht mehr verheiratet sein, aber ich hatte bereits ein Kind – also musste ich auf die großartige Erfahrung, Mutter zu sein, nicht verzichten –, und dann entschied ich mich für ein Leben ohne feste Bindungen, mit all seinen Unwägbarkeiten und Unannehmlichkeiten und Ängsten und Enttäuschungen und langen Perioden der sexuellen Enthaltsamkeit. Und ich dachte, das ist es, was ich will. Aber ich sehe mich nicht als Vorbild. Das ist mein ganz persönlicher Weg, den ich wegen meiner Projekte gewählt habe und nur so vor mir rechtfertigen kann.

War es eine bewusste Entscheidung?

Nein, aber ich hätte gerne mehrere Leben gehabt, aber mehrere Leben zu haben und gleichzeitig verheiratet zu sein ist sehr schwer – zumindest in einer Ehe wie der meinen, die unglaublich intensiv war. Wir waren immer zusammen. Aber man kann nicht vierundzwanzig Stunden am Tag mit jemandem zusammen sein, über Jahre nie auch nur einen Tag getrennt, und gleichzeitig die Freiheit haben, sich zu entwickeln, zu verändern und einfach nach Hongkong zu fliegen, wenn einem danach ist … das ist unverantwortlich. Deshalb sage ich, irgendwann musste ich mich zwischen dem Leben und dem Projekt entscheiden.

Ich glaube, dass Sie für viele Menschen, die Ihren Namen kennen und Ihre Arbeiten lieben, einen geheimnisvollen Nimbus haben. Ich kenne vor allem viele Frauen, die Sie außerordentlich bewundern.

Was Sie als Nimbus bezeichnen, hieß früher einmal Reputation.

Ich glaube, in Ihrem Fall sind es Reputation *und* Nimbus, was in gewisser Weise damit zu tun hat, dass Sie keine Person des öffentlichen Lebens in dem Sinne sind, dass Sie in den Medien bereitwillig darüber Auskunft geben, mit wem sie gerade liiert sind.

Nun, welcher ernsthafte Autor hat so etwas je gemacht?

Ich könnte Ihnen eine ganze Liste geben.

Aber solche Leute haben sich selbst als Schriftsteller ruiniert. Ich glaube, sich so zu verhalten ist fatal für die eigene Arbeit. Zweifellos hätten Schriftsteller wie Hemingway oder Truman Capote literarisch mehr erreicht, wenn sie keine öffentlichen Figuren gewesen wären. Es gibt eine Entscheidung zwischen Werk und Leben. Und das hat nicht nur damit zu tun, wie sehr man den Erwartungen der Medien entspricht, sondern auch, wie häufig man überhaupt in der Öffentlichkeit auftritt.

Es gibt eine Geschichte über Jean Cocteau – um einen Schriftsteller zu nehmen, den ich sehr bewundere –, der noch als Teenager oder gerade Zwanzigjähriger Proust, der damals schon in seinem mit Kork ausgekleideten Zimmer lebte, einen Besuch abstattete. Cocteau zeigte ihm einige seiner Arbeiten, und Proust sagte: Sie können ein großer Schriftsteller werden, aber nehmen Sie sich vor der Gesellschaft in Acht. Gehen Sie hin und wieder aus, aber machen Sie sie nicht zum Mittelpunkt Ihres Lebens. Und das sagte Proust, der in seinen jüngeren Jahren in Paris ein äußerst geselliges Leben geführt hatte, ein Jetset-Leben, würden wir heute wohl sagen. Aber er wusste, wann es Zeit war, sich zwischen der Arbeit und dem Leben zu entscheiden. Es geht ja nicht nur darum, ob man Interviews gibt oder über sich selbst redet. Die Frage ist, ob man sich dem gesellschaftlichen Leben verschreibt und wie viel Zeit man mit Dingen vergeudet, die einem selbst und anderen Leuten glamourös erscheinen mögen.

Aber denken Sie an die Brüder Goncourt, die ihre Werke niemals hätten schreiben können, wenn sie im Paris des

Zweiten Kaiserreichs nicht beinahe jeden Abend an irgendeiner Feier teilgenommen hätten. In gewisser Weise waren sie brillante Klatschreporter der Hautevolee.

Aber sie waren auch Sozialhistoriker, indem sie fiktionale mit dokumentarischen Formen verknüpften, wie übrigens auch Balzac das getan hat. Das Problem ist jedoch im zwanzigsten Jahrhundert etwas anders, weil die Möglichkeiten sehr viel größer sind. Ich will damit nicht sagen, dass man sich in ein mit Kork verkleidetes Zimmer zurückziehen muss, aber ich glaube, dass man eine enorme Disziplin braucht und der Beruf des Schriftstellers in seinem Kern asozial ist, genauso wie der des Malers. Picasso wurde einmal gefragt, warum er nie verreise – er machte keine Ausflüge oder Reisen ins Ausland. Er zog von Spanien nach Paris und später nach Südfrankreich, aber er fuhr nie irgendwohin. Und er antwortete: Ich verreise in meinem Kopf. Ich glaube fest, dass es diese Alternative gibt, und vielleicht spürt man das nicht so sehr, wenn man jung ist – und sollte es auch nicht tun –, aber später, wenn man über etwas, das gut gemacht und vielversprechend ist, hinauswill und die wahre Erfüllung eines großen Werks anstrebt, dann ist dies für einen Schriftsteller oder Maler nur nach Jahren harter Arbeit möglich. Und dazu muss man zu Hause bleiben.

Mitte der siebziger Jahre wurden Sie zusammen mit vielen anderen Schriftstellern gebeten, ein Selbstporträt zu zeichnen, das in dem Buch *Self-Portrait: Book People Picture Themselves* veröffentlicht wurde. Sie zeichneten einfach einen Davidstern und schrieben darüber einen Satz von Konfuzius: »Jeder ist dazu bestimmt, die Welt zu retten.« Mit ein wenig

Ironie könnte man sagen, dass Sie in gewisser Weise das religiöse Verbot achten, sich kein Bild zu machen.

Ja, man hatte mich gebeten, ein Selbstporträt zu zeichnen, und ich brauchte dreißig Sekunden dafür. Natürlich war das der beste Weg, denn wenn ich darüber nachgedacht hätte, wäre ich gelähmt gewesen. Es klingt vielleicht lustig, aber ich werde in Kürze Zeichenunterricht bei der Künstlerin Mary Frank nehmen. Nicht, weil ich jetzt Künstlerin werden will, ich möchte nur lernen, so zu zeichnen, wie im neunzehnten Jahrhundert gezeichnet wurde – etwa so, wie John Ruskin die Gebäude in Venedig gezeichnet hat. Ich möchte das Zeichnen als eine Form des Festhaltens beherrschen, der Wiedergabe.

Was Sie über mein nichtgegenständliches Selbstporträt gesagt haben, ist richtig, aber ich wollte mich auch gar nicht selbst darstellen. Ich brauche nur ein Buch mit Erzählungen unter dem Titel *Ich, etc.* zu veröffentlichen, und schon gerate ich in eine Zwickmühle. Einige der Erzählungen sind tatsächlich autobiographisch, aber es heißt *Ich, etc.*, und damit habe ich das »Ich« in Anführungszeichen gesetzt. Ich denke nicht, dass ich mich selbst darstelle. Es ist sogar entscheidend für meine Arbeit, dass sie nicht mich darstellt. Wenngleich ich mich ihr wohl leihen kann.

Das erinnert mich an einen Satz von Montaigne, den Godard in seinem Film *Die Geschichte der Nana S.* zitiert: »Ausleihen sollten wir uns an andere, hingeben aber nur an uns selbst.«

Ja, ich kann mich ausleihen. Wenn etwas genau zu einer Figur zu passen scheint, über die ich gerade schreibe, dann sollte ich es auch anwenden, anstatt mir etwas völlig anderes auszudenken. Also leihe ich manchmal Figuren Dinge aus meinem Leben, weil sie zu funktionieren scheinen, aber ich glaube nicht, dass ich mich selbst darstelle. Nehmen wir an, Mary Frank bringt die Geduld auf und ich die Disziplin, um tatsächlich zeichnen zu lernen: Ich kann mir nicht vorstellen, dass ich mich selbst zeichnen würde – ich würde mich selbst, neben anderen Dingen, als Material einsetzen. Aber mein Interesse gilt der Welt. Meine gesamte Arbeit ist auf die Vorstellung gegründet, dass eine wirkliche Welt existiert, und ich fühle, dass ich in ihr bin.

Sie sind also in der Welt, und die Welt ist in Ihnen.

Ich fühle mich als Beobachter. Ich bin mir dessen, was ich nicht bin, sehr bewusst und davon fasziniert und strebe danach, es zu verstehen.

Aber was ist mit der Welt in Ihnen?

Die gibt es natürlich, aber ich finde dieses Bild nicht sehr hilfreich. Ich möchte vom Solipsismus wegkommen, der großen Verlockung des modernen Bewusstseins – weg von der Vorstellung, alles spiele sich nur im Kopf ab.

Handelt Ihr Roman *Todesstation* nicht von dieser Vorstellung?

Ja, *Todesstation* behandelt so etwas wie die Erfahrung, sich im eigenen Kopf zu verlieren.

Sagen Sie in diesem Buch nicht, in seinem eigenen Kopf zu leben bedeute den Tod?

Genau. *Todesstation* und *Krankheit als Metapher* behandeln dasselbe Thema. Letzteres basiert auf Überlegungen, die sich mir aufdrängten, als ich krank wurde, und die für mich überlebenswichtig waren. Aber es sind die Überlegungen eines Menschen, der bereits mit diesen Problemen konfrontiert war. Ich gewann den Eindruck, dass die psychologischen Krankheitstheorien einem nicht nur ein Gefühl von Schuld vermitteln, sondern auch eine Form von Solipsismus befördern – denn ohne angemessene medizinische Hilfe stirbt man tatsächlich.

Was mich künstlerisch fasziniert, mag mich menschlich völlig kalt lassen, obwohl ich diese Aufteilung nicht mag, weil sie dumm klingt. Ich übernehme Verantwortung für mein Schreiben, weil ich weiß, dass ich die Urheberin bin. Aber ich glaube nicht, dass mein Leben in der gleichen Weise organisiert ist und sich um die gleichen Dinge dreht wie mein Schreiben. Ich schreibe nicht autobiographisch, ich folge meinen Phantasien über Dinge, die ich nicht selbst getan habe. Sie entspringen der Faszination – dass gewisse Dinge existieren, auch wenn ich nicht den Drang verspüre, sie auszuprobieren. Ich behaupte nicht, dass das gut ist, es ist bloß meine Art, die Welt zu sehen. Wie gesagt, die Dinge, über die ich schreibe, sind nicht notwendigerweise die Dinge, die mich persönlich interessieren. Ich schreibe über viele Dinge, die ich nicht nur nicht erlebt habe, sondern auch nicht erlebt haben will.

Könnte man sagen, dass Sie diese Dinge auf gewisse Weise transzendieren wollen?

Ich weiß nicht, ob es ein Transzendieren ist. Transzendenz ist ein positiver Begriff. Wenn ich es negativ ausdrücken wollte, würde ich es als Dissoziation beschreiben. Aber ich würde lieber auf beide Begriffe verzichten. Meiner Vorstellungskraft freien Lauf zu lassen ist, wie ein Gefährt zu besteigen, das mich an einen anderen Ort bringt, fort von allem, was ich tue und denke und fühle und wie ich lebe und mit welchen Leuten ich mich umgebe. Genau das ist es, was ich daran mag und warum ich ungern autobiographisch schreibe. Ich möchte über Dinge schreiben, die ich mir vorstelle, oder Dinge, die draußen in der Welt passieren, und nicht über mich.

Aber was nicht Sie ist, kann doch auch ein Teil von Ihnen sein, wie Ihr Denken und Fühlen.

Gewiss. Es ist nicht so, dass ich mich *nicht* selbst ausdrücke, aber es ist nicht mein Vorsatz, mich auszudrücken. Wir leben, wie allgemein bekannt, in einer Zeit des Ich-Bewusstseins. Kein ernsthafter Schriftsteller ist heute naiv. In der Vergangenheit gab es ernsthafte Schriftsteller, die keinerlei Bewusstsein von ihrer Beziehung zu Problemen der Form und ihrem eigenen Tun hatten. Sie folgten dem allgemeinen Konsens, und wenn sie das Glück hatten, in einer kulturellen Blütezeit zu leben, und ihnen wunderbares Material zur Verfügung stand … nehmen wir nur die Barockmusik … Es gibt kaum Barockmusik, die nicht gut ist – obwohl bestimmte Kompositionen natürlich besser sind als andere –, weil die Form und Sprache der Musik sich zu dieser Zeit auf einem so hohen Niveau befanden. Wir leben nicht in einer solchen Epoche. Die meisten mir bekannten Autoren haben vielmehr das Gefühl, dass jedes Buch irgendwie anders sein müsse – und das geht mir genauso.

Von den Erzählungen in *Ich, etc.* scheint mir jede anders zu sein.

Der Band *Ich, etc.* enthält acht Geschichten, und für mich repräsentieren sie acht unterschiedliche Arten, etwas zu tun. Ich glaube, heute ist alles Sprung, Wagnis und Gefahr, und das ist ja gerade das Aufregende – zu versuchen, sich selbst zu erweitern und zu transzendieren. Um die notwendige Konzentration zu finden, muss man arbeiten, und das in einem Zustand intensiven Bei-sich-Seins, der zerstreut oder verwässert werden kann, wenn man sich zu sehr davon beeinflussen lässt, was andere von einem erwarten, oder sich dem aussetzt, wie andere über die eigene Arbeit denken und was sie über einen schreiben.

Viele Leute haben eine sehr engstirnige und konventionelle Vorstellung von der amerikanischen Literatur und nehmen die faszinierenden Werke von Autoren wie Mina Loy, Link Gillespie, Harry Crosby und besonders Laura Riding und Paul Goodman nicht wahr. Gerade erst habe ich Goodmans großen Roman *The Empire City* und auch seine außergewöhnlichen *Johnson*-Erzählungen gelesen, die er Anfang der dreißiger Jahre schrieb, als er einundzwanzig Jahre alt war.

Da haben Sie recht. Sie erwähnen zwei Autoren, die für mich Vorbilder gewesen sind: Laura Ridings *Progress of Stories* hat literarische Maßstäbe gesetzt. Das Buch ist praktisch unbekannt, und dabei gibt es heute nichts von dieser Qualität – nicht allein, dass niemand daran anknüpft, es ist auch niemand annähernd dazu in der Lage. Paul Goodmans *Johnson*-Erzählungen halte ich wie Sie für einen der bedeutendsten Beiträge zur amerikanischen Literatur des zwanzigsten Jahrhunderts. [Die acht *Johnson*-Erzählungen, in denen es um die Beziehungsverflechtungen von drei jungen New Yorkern – zwei Männern und einer Frau – geht, sind in Goodmans *The Breakup of Our Camp: Stories, 1932–1935* enthalten, 1978 bei Black Sparrow Press veröffentlicht.] Ich glaube, er hätte *der* große Erzähler unserer Zeit werden können, aber er besaß auch leidenschaftliche intellektuelle und politische Interessen und schrieb immer mehr Essays, während sein literarisches Oeuvre schmal blieb. Dennoch – die Erzählungen, die er mit Anfang zwanzig schrieb, sind einer der größten Triumphe der Literatur.

Wenn ich nachts um vier wach liege, stelle ich, statt Schafe zu zählen, im Kopf Anthologien zusammen, und eines meiner Projekte sind Kurzgeschichtensammlungen von Autoren wie Laura Riding und Paul Goodman. Ich bin zuversichtlich, dass sich das alles noch zurechtrücken wird und sie zuletzt ihr Publikum finden werden. [In ihren Tagebüchern *Ich schreibe, um herauszufinden, was ich denke* findet sich unter dem Datum des 20. August 1978 der Eintrag zu einer »Anthologie idealer Kurzgeschichten«, die unter anderem Robert Walsers ›Kleist in Thun‹, Italo Calvinos ›Die Entfernung des Mondes‹, Laura Ridings ›A Last Session in Geography‹ und Paul Goodmans ›The Minutes Are Flying by Like a Snowstorm‹ enthalten sollte.]

Allerdings gibt es heute eine umfassende Diskreditierung all dessen, was das Etikett modernistisch oder avantgardistisch trägt. Jeder hat es furchtbar eilig, von diesem Zug abzuspringen und zu sagen, dass diese Bestrebungen zu nichts gut sind, hinter uns liegen und sich als oberflächlich erwiesen haben – selbst Roland Barthes hat das mir gegenüber geäußert. Leute aus meinem Bekanntenkreis, die noch vor zehn Jahren von Robbe-Grillet und Godard geschwärmt haben, reden jetzt über Tolstoi und Colette. Ich möchte mich sehr gegen diese allgemeine Tendenz stellen. Nicht, indem ich mich auf Begriffe wie *Modernismus* und *Avantgarde* beziehe – diese Termini sind überholt und können eingemottet werden. Aber wenn ich darüber nachdenke, wie Fiction heute aussehen könnte, lese ich Laura Riding oder die frühen Erzählungen von Paul Goodman. Ich staune wirklich darüber, dass moderne Kunst – also das Bemühen um neue Formen – heute noch nicht einmal als Konzept verteidigt wird.

Als ich Anfang der sechziger Jahre zu schreiben anfing, habe ich das »Moderne«, insbesondere in der Literatur, verteidigt, weil die vorherrschende Sichtweise so spießbürgerlich war. Und etwa zehn Jahre lang fanden die Ansichten, die ich propagierte, immer mehr Respekt. Doch seit fünf Jahren beziehen die Leute wieder ihre alten Positionen. Ja, noch schlimmer: Vorher haben sie diese Art Kunst abgelehnt, weil sie es nicht besser wussten. Jetzt aber lehnen sie sie ab, weil sie glauben, etwas davon zu verstehen, und sich ihr überlegen fühlen. Und so muss man heute Künstler wie Schönberg und Joyce oder Merce Cunningham verteidigen.

Ich finde es dermaßen entmutigend, wie gering moderne Kunst heute geschätzt wird, dass ich nicht mal mehr in Essays dagegen angehe. Ende der sechziger Jahre hatte ich tatsächlich den Eindruck, der Kampf wäre gewonnen, aber es war ein flüchtiger Sieg. Wenn ich jemanden sagen höre, er mag Dostojewski nicht, weil er so chaotisch ist, fällt mir dazu nichts mehr ein. Vielleicht sind die Leute einfach erschöpft und brauchen eine Pause. Aber dann wiederum frage ich mich: Warum sollten wir ihnen eine Pause gönnen? [*Lacht.*]

In der entscheidenden Szene Ihres Films *Brother Carl* bringt die Titelfigur auf wundersame Weise ein stummes Mädchen zum Reden, und in der Einführung zum Drehbuch schreiben Sie: »Die einzig interessante Handlung im Leben ist es, ein Wunder zu vollbringen oder daran zu scheitern; Wunder sind das einzige Thema von tieferem Interesse, das der Kunst geblieben ist.« Glauben Sie denn an Wunder?

Ich glaube, dass außergewöhnliche Dinge geschehen und alles verändern können, dass eine Handlung das Äquivalent einer geistigen Offenbarung sein kann und dass sich Dinge ereignen können, für die es keine Begründung gibt – ich meine damit nicht, dass sie nicht erklärt werden können, denn im Nachhinein lässt sich alles erklären, und sei es nur durch den Zufall. Sie wissen schon, eine stehengebliebene Uhr zeigt ja auch zweimal am Tag die richtige Zeit an.

Wer hat das gesagt?

Ich glaube, ich habe es in der Zeitschrift *Mad* gelesen [*lacht*]. Wenn man also unter einem Wunder etwas versteht, für das es keine Erklärung gibt, ist das eine weitgehend wertlose Vorstellung, weil man, wie gesagt, immer ein vorangegangenes Ereignis als Ursache findet. Es gibt kein Ereignis, das nicht in einer Kette von Ereignissen steht, und deshalb lässt sich immer irgendeine Art von Erklärung konstruieren. Aber dennoch gibt es Geschehnisse, die kontingent scheinen und durch die eine Lücke entsteht, in der eine intensivere oder kreativere oder mutigere Handlung stattfinden kann, und diese scheinbaren Brüche im Kontinuum der Ereignisse ähneln Epiphanien.

Es müssen übrigens nicht immer im moralischen Sinn gute Handlungen sein, manchmal sind sie auch furchtbar. Beispielsweise kann man Hitler zum Teil auf diese Weise beschreiben. Für alles, was er sagte und tat, finden sich Vorläufer in der deutschen Geschichte, und dennoch war er es, der all das bündelte und dadurch auf eine neue Ebene hob. Und es gibt gute Gründe, anzunehmen, dass es ohne Hitler niemals so weit gekommen wäre. Das ist nicht nur eine Frage von weltanschaulichen Ideen und politischer Organisation, sondern auch eine Frage der dämonischen Macht, die dieser Mann über andere hatte.

Ich habe dieses Phänomen in meinem eigenen Leben und im Leben anderer erfahren, und es fasziniert mich als literarisches und künstlerisches Thema. Wie bereits gesagt, für mich stellt es eine Art Epiphanie dar; es ist mit der Vorstellung eines Neuanfangs verbunden, auch wenn es natürlich wie jede andere Idee verflacht und bis zur Unkenntlichkeit verfälscht werden kann. Deshalb war es mir in meinem Film *Brother Carl* wichtig, zu zeigen, dass Carl zunächst kein Wunder vollbringt, als er eine ertrunkene Frau nicht wiederbeleben kann, und dann doch eines vollbringt.

Es gibt einen Grund, warum die traditionelle religiöse Weisheit esoterisch ist und oft eine Art von Initiation verlangt, die

bezeugt, dass man bereit ist, diese Weisheit zu empfangen –
weil sie nämlich nicht jedem zuteilwird. Man kann heute alles in jedem beliebigen Kontext sagen. Es ist das Wesen unserer modernen Kommunikationssysteme, dass jeder Kontext
gleichwertig und austauschbar ist, sodass man Dinge parallel
in viele verschiedene Kontexte setzen kann, wie in der Fotografie. Es liegt etwas zutiefst Kompromittierendes in dieser Situation. Natürlich hat sie auch große Vorzüge, weil sie den
Menschen eine bisher unbekannte Freiheit des Handelns und
des Denkens ermöglicht. Aber es bedeutet auch, dass man ur-
sprüngliche, profunde Wahrheiten nicht schützen kann, weil
sie unweigerlich herabgesetzt, verfälscht und verwandelt werden – wir leben in einer Welt, in der alles recycelt und neu
kombiniert wird und die Dinge auf einen gemeinsamen Nen-
ner reduziert werden. Wenn man also eine Phantasievorstel-
lung oder ein Thema oder ein Bild in die Welt entlässt, erlebt es
eine rasante Karriere, die man selbst nicht steuern und der
man auch keine Grenzen setzen kann. Und das ist vielleicht
ein weiterer, näher liegender Grund, warum man manchmal
versucht ist, einfach zu schweigen. Man möchte Dinge mit anderen Menschen teilen, aber andererseits möchte man nicht
einfach die Maschinerie füttern, die jeden Tag Millionen Vorstellungen und Objekte und Produkte und Meinungen ver-
schlingt, um weiter zu funktionieren.

Vier Monate nachdem wir dieses Interview in Paris begonnen hatten, rief ich Sie hier in New York an und fragte, wann
wir unser Gespräch fortsetzen könnten, und Sie sagten:
»Wir sollten es schnell tun, weil ich mich vielleicht zu stark
verändere.« Das hat mich einigermaßen überrascht.

Warum? Das ist doch nur natürlich [*lacht*]. Ich habe das Gefühl, mich ständig zu verändern, aber es ist schwierig, das anderen begreiflich zu machen, weil man bei Schriftstellern grundsätzlich denkt, sie betrieben Selbstdarstellung oder verfassten ihre Werke, um andere von ihren eigenen Ansichten zu überzeugen oder zu etwas zu bekehren. Auf mich trifft keines der beiden Modelle zu, meine ich. Ich schreibe auch deshalb, weil ich mich verändern will und ich, wenn ich etwas geschrieben habe, nicht mehr darüber nachdenken muss. Mein Schreiben dient also dazu, mich von diesen Gedanken zu befreien. Das mag despektierlich meinen Lesern gegenüber klingen. Ich gebe diese Gedanken, von denen ich mich befreien will, ja weiter. Und erwecke natürlich den Eindruck, an sie zu glauben – und beim Schreiben tue ich das auch –, aber nach der Niederschrift glaube ich nicht mehr an sie, weil ich mich dann bereits anderen Vorstellungen zugewandt habe und alles noch komplizierter geworden ist … oder vielleicht auch einfacher. Deshalb fällt es mir auch schwer, über meine Arbeit zu reden, weil die Leute über etwas reden wollen, das hinter mir liegt, und ich schon wieder ganz woanders bin.

Das klingt in gewisser Weise nach einem Glühwürmchen, das genau dann, wenn man sein Leuchten bemerkt, schon wieder fort ist.

Ja, und die Leute empfinden es als arrogant und verantwortungslos – als würde ich Fahrerflucht begehen –, dass ich nicht mehr darüber reden möchte. Andererseits möchte ich über mein *neues* Projekt aber auch nicht reden, weil ich noch daran arbeite.

In Ihrer Erzählung ›Debriefing‹ sprechen Sie von dem Wunsch, »seine Gefühle vollständig auszutauschen, wie wenn einem das Blut ausgepumpt und durch neues ersetzt wird«. Und in ›Das alte Lied‹ sagt die Hauptfigur: »Du kannst nicht jemand werden, der du nicht bist. Höchstens so, wie du bist, mehr oder weniger. Du kannst nicht über deinen eigenen Schatten springen.« In allen Erzählungen von *Ich, etc.* versuchen die Charaktere, irgendein »anderer« zu werden.

Sie wollen ja nicht ein »anderer« im Sinne einer anderen Person werden, sondern ihr Leben verändern. Und mit »anders« ist auch nicht »gegensätzlich« gemeint, sondern eher so etwas wie … aufwachen. Ich hasse das Gefühl, etwas darzulegen, das ich schon kenne oder mir schon vorgestellt habe. Ich ziehe es vor, nicht zu wissen, wohin ich gehe, in dem Bewusstsein, schon ein gutes Stück Weg hinter mir zu haben. Ich mag es nicht, ganz am Anfang zu stehen, ich mag es aber auch nicht, wenn das Ende in Sicht ist.

Vielleicht ziehen Sie es vor, in der Mitte zu sein – genau wie Dante auf der Mitte seines Lebensweges.

Ja, ich habe immer das Gefühl, dass ich irgendwo in der Mitte stehe, allerdings mehr zum Anfang als zum Ende hin. Und bei jeder meiner Arbeiten denke ich, sie dienen der Vorbereitung, und wenn ich sie nur zu Ende bringe, wird mir als Nächstes etwas richtig Gutes gelingen [*lacht*].

In Ihrer Erzählung ›Projekt einer Reise nach China‹ beziehen Sie sich auf die Himmelsrichtungen – Osten, Süden, Zentrum, Westen und Norden – und ordnen ihnen Gefühlsregungen zu; der Osten ist Zorn, der Süden ist Freude, der Westen ist Kummer, der Norden ist Furcht, und das Zentrum ist Mitgefühl. Ein Zentrum des Mitgefühls ist für mich eine wunderschöne und beruhigende Vorstellung. Vielleicht sollten wir nicht nur davon reden, *in der Mitte* zu sein, sondern auch davon, *im Zentrum* zu sein.

Gerne. Das Wunderbare an der Sprache ist, dass wir positiv besetzte und abwertende Ausdrücke für die gleiche Sache haben. Darum ist die Sprache ein so unendlicher Schatz. Denken Sie nur an den altbekannten Spruch: Ich bin standfest, du bist hartnäckig, und er ist ein Sturkopf – drei unterschiedlich gefärbte Ausdrücke für ein und dieselbe Haltung. Vielleicht kann man also sagen, *in der Mitte sein* ist negativ eingefärbt. Das galt gewiss nicht für Dante, aber wenn wir *in der Mitte* sagen, denken wir an Mittelmaß, an jemanden, der zwischen den Stühlen sitzt, weil er Angst hat, sich für etwas zu entscheiden. Ganz anders dagegen *im Zentrum sein* – interessant, oder? Sofort sieht die Sache anders aus.

Ich finde, *im Zentrum zu sein* suggeriert so etwas wie Zeitlosigkeit.

Ja, man kann auch in zeitlichen Kategorien darüber denken. Sich im Zentrum zu befinden bedeutet allerdings das Gegenteil davon, sich am Rand zu befinden, und man möchte nicht gern am Rande seines Bewusstseins oder seiner Erfahrung oder seiner Zeit stehen. Ausgerechnet Johannes Calvin hat gesagt: »Die Welt ist an beiden Seiten abschüssig, also halte dich in ihrer Mitte auf.« Womit er meinte, dass man auch herunterfallen kann. Wir alle wissen, dass viele Menschen immer wieder zu Fall kommen – sie geraten auf die schiefe Bahn, und dann beginnen sie abzurutschen. Daraus ergibt sich eine weitere Bedeutung des Ausdrucks *in der Mitte zu sein*. Man möchte auf ebenem Grund stehen, weil das Leben kompliziert ist, man möchte sich nicht mit abgebissenen Fingernägeln verzweifelt an einen letzten Halt klammern, was vielen Leuten passiert, weil sie keine Alternative mehr sehen. Sie hängen in der Luft und kämpfen verzweifelt darum, nicht abzustürzen.

Man sagt, dass Johann Sebastian Bach, wenn er mit einem Instrumental-Ensemble spielte, die Alt- oder Tenorpartien bevorzugte, weil er so mehr von den individuelleren Sopran- oder Basspartien mitbekam. Von der Mitte aus konnte er besser hören, was um ihn herum vorging.

Ein sehr interessantes Detail über Bach. Ich finde das ganz wunderbar. Es gibt einen dynamischen Aspekt von Neutralität, den viele nicht verstehen. Transzendente Neutralität ist keine Weigerung, Partei zu ergreifen, sondern Anteilnahme. Aus dieser Position sieht man deutlicher, was Menschen oder Standpunkte trennt.

Im Zusammenhang mit Mitten und Enden wollte ich Sie nach Ihren eigenen persönlichen Anfängen fragen. In ›Projekt für eine Reise nach China‹ sprechen Sie von Ihrer »Wüs-

tenkindheit«, die Sie zu einer »hartnäckigen Liebhaberin«
von Hitze und Tropen gemacht hat.

Ich hatte eine völlig wurzellose Kindheit. Als Kind habe ich an
zahllosen Orten gelebt. Einer jedoch hat einen ganz besonderen Eindruck bei mir hinterlassen, nämlich das südliche Ari-
zona. Das ist der imaginierte Ort meiner Kindheit. Den Rest
meiner sogenannten Kindheit habe ich in Los Angeles verbracht, wo ich die North Hollywood High School besuchte.

Die Leute reden immer von geographischen Gegensätzen
wie denen zwischen Kalifornien und New York, zwischen
Nord- und Südkalifornien oder zwischen New York und
Paris.

Aber ich mag das. Mir gefällt es, an zwei verschiedenen Orten
zu leben. Seit zehn Jahren, seit ich die Freiheit dazu habe, versuche ich mein Leben so zu führen.

Sind New York und Paris für Sie gegensätzliche Orte?

Ich habe mich von den westeuropäischen Städten für Paris
entschieden – es hätte auch Rom sein können –, weil ich dort
Freunde habe und weil Französisch die einzige Fremdsprache
ist, die ich beherrsche. Und ich mag es, an einem Ort außerhalb der Vereinigten Staaten zu sein.

Und Sie scheinen eine besondere Affinität zur französischen Lebensart und Kultur zu haben.

Allerdings. Die habe und die hatte ich. Sie ist der eigentliche Grund, warum ich dort gelandet bin. Ich hatte ein imaginäres Frankreich in meinem Kopf, das aus Valéry und Flaubert, Baudelaire, Rimbaud und Gide bestand. Es hatte nichts mit dem Frankreich von heute zu tun, aber es war dieses Frankreich in meinem Kopf, das mir sehr viel bedeutete. Ich wusste zwar, dass es der Vergangenheit angehörte, aber mir gefiel es, am selben Ort zu sein, an dem sich all das ereignet hatte, umgeben von dieser wunderbaren Architektur, und die Sprache zu hören.

Der Umzug von Tucson nach Los Angeles war ein gewaltiger Umbruch. Und nachdem ich die Highschool in L. A. beendet hatte, ging ich nach Berkeley und dann an die University of Chicago und anschließend nach Harvard. Danach folgte noch einmal eine kurze Episode in Kalifornien, und dann kam ich nach New York. Die meisten Leute denken, ich sei gebürtige New Yorkerin, dabei kam ich erst mit sechsundzwanzig hierher … ich hatte die gleiche Sehnsucht nach New York wie die Mascha in Tschechows *Drei Schwestern* nach Moskau. Ich wollte schon immer in New York leben, und mir wurde klar, dass ich es endlich tun würde. Ich bin Wahl-New-Yorkerin.

Ich dagegen bin in New York geboren. Als ich meinen Abschluss am Columbia College machte und mich an einer Uni bewerben wollte, bekam ich ein Exemplar von Henry Millers *Big Sur und die Orangen des Hieronymus Bosch* in die Hände, und von da an träumte ich von Kalifornien. Und ähnlich wie

es Ihnen mit Bill Haley and the Comets erging, hatte ich ein Erweckungserlebnis mit San Francisco, als ich im Radio zum ersten Mal »Fun Fun Fun« von den Beach Boys hörte. Ich glaube, das war für mich der Moment, an dem ich entschied, die Ivy-League-Universitäten – die Eliteuniversitäten generell – zu vergessen und mich nur an kalifornischen Unis zu bewerben. Kalifornien war für mich das, was Paris für Sie war. Gelegentlich sind wir uns ja am Columbia College in New York begegnet, und ich kann mich noch erinnern, dass ich Ihnen gegenüber meine Hoffnungen auf einen Studienplatz in Kalifornien erwähnte und Sie sagten: Wie können Sie so etwas tun? Ich muss gestehen, dass Sie wie der typische eingebildete New Yorker klangen, der den Golden State heruntermacht.

Aber ich glaube, es ist mein gutes Recht, Kalifornien schlechtzumachen, weil ich es so gut kenne! Ich bin mindestens zweimal im Jahr dort und habe gute Freunde in der Bay Area. Allerdings stammen die meisten dieser Freunde von der Ostküste. Ich kenne kaum Leute, die ihre Kindheit in Kalifornien verbracht haben.

Umgekehrt kenne ich hier nur sehr wenige Leute, die tatsächlich in New York geboren wurden.

Ja, aber ich ziehe den Nordosten tausendmal vor. Ich habe das Gefühl, dass zu viele Dinge auf dem Weg nach Kalifornien auf der Strecke geblieben sind – die Verbindung mit Europa, mit der Vergangenheit, mit der Welt der Bücher oder auch mit der Welt der Empfindungen, Themen und vitalen Kraft der Literatur des neunzehnten Jahrhunderts, um es ganz banal zu sagen. Das ist alles zu weit weg von Kalifornien.

Aber das ist doch gerade das Großartige daran. Dort ist tatsächlich »dort«, um es in Abwandlung eines Diktums von Gertrude Stein zu sagen. Es gibt tatsächlich eine kalifornische Kultur, nur entspricht sie eher Gary Snyder als Robert Lowell. Ironischerweise war eine der besten Lyrik-Lesungen, die ich je gehört habe, die von Robert Lowell 1965 in Berkeley.

Nun, auch ich spüre die Anziehungskraft beider Orte. Es ist das Privileg des Schriftstellers, in der Mitte zu sein, worüber wir bereits gesprochen haben, und ich möchte verschiedene Sehnsüchte anerkennen und ausdrücken. Und da ich ganz und gar nicht zur Polemik neige, muss ich nicht wie D. H. Lawrence entscheiden, was die Leute aufgeben und woran sie sich halten sollen. Ich weiß ja selbst nicht, wie man etwas aufgibt [*lacht*]. Aber im Hinblick auf die moralische Geographie, über die wir gerade reden, ziehe ich, wie gesagt, New York vor … in Kombination mit, sagen wir, Ausflügen ans Mittelmeer und nach Kalifornien. Man muss sich bewegen. Ich könnte nicht zwölf Monate oder auch nur zehn Monate am Stück in New York leben. Dies ist ein vollkommen künstliches Leben. Aber was soll's? Man muss sich seinen eigenen Raum schaffen – einen Raum mit viel Ruhe darin und einer Menge Bücher.

New York ist der Ort, dem ich mich eng verbunden fühle. Es ist meine Basis, zu der ich immer wieder zurückkehre. Mein Lebensmittelpunkt ist in New York, weil die meisten Menschen, die mir nahestehen, hier leben – vor allem mein Sohn und meine engsten Freunde. Und hier ist auch mein Felsennest, in dem ich die meisten meiner Bücher verwahre. Aber was New York auf grausame Weise fehlt, ist jegliche Art von Natur. Man kommt mit gar nichts in Berührung, das normal lebt und stirbt. Man kann nicht auf dem Rücken auf der Erde liegen, in den Nachthimmel starren und ein Sternenmeer sehen, was einen eine Menge über die eigene Sterblichkeit und seinen Platz im Universum lehren könnte – ich meine, es ist beängstigend und wunderbar zugleich. In New York geht man von einem Gebäude zum anderen.

Es fehlt also Kants »bestirnter Himmel über mir«, und ich muss mich mit »dem moralischen Gesetz in mir« begnügen.

[*Lacht.*] Ja, ich vermisse die Sterne sehr. Immerhin ist der Himmel in New York sechs Monate im Jahr blau, was man von Paris nicht sagen kann. Und das Licht ist wunderbar. Es gibt also gute Gründe, das eine mit dem anderen zu verbinden.

Unsere Diskussion erinnert mich an das Klischee, dass Kultur räumlich bedingt ist.

Die Menschen definieren sich in einem erstaunlichen Maße über die Vorstellungen, die sie von bestimmten Orten haben. Erst kürzlich bin ich einer Frau in Indiana begegnet – einer sehr interessanten, intelligenten Frau, die dort seit vielen Jahren lebte –, die nun, da ihre Kinder erwachsen waren, beschlossen hatte, an die Ostküste zu ziehen. Sie sagte mir: »Nun, ich glaube, Boston wäre die richtige Stadt für mich. Sie liegt im

Osten, hat viel zu bieten und ist nahe an Europa, New York wäre zu viel für mich.« Das alles ist reine Mythologie. Sie definiert sich als Frau, die den Sprung von Indiana nach Boston schaffen kann, aber nicht den von Indiana nach Manhattan, weil der zu groß für sie wäre. Doch das stimmt nicht.

Aber ich weiß, was sie meint.

Das tue ich auch, aber das ändert nichts daran, dass ihre Überzeugung auf einem populären Mythos basiert. Sie muss auch so ihr Haus in Indiana verkaufen, einen Job suchen, ein ganz neues Leben aufbauen, was in Boston genauso anstrengend ist wie in New York. Aber wegen eines kulturellen Trugbilds meint sie, dass Boston ruhiger und weniger hektisch sei und einem weniger abverlange.

Aber auch das stimmt!

Richtig. Aber es liegt an diesem Mythos, dass Boston eben Boston und New York eben New York ist. Genauso gut könnte jemand sagen: Menschenskind, ich habe zwanzig Jahre in Indiana verbracht, jetzt will ich eine richtige Stadt kennenlernen. Die Leute entwerfen eher ein bestimmtes Bild von sich selbst. Die Frau hat ja nicht gesagt: Nun, vielleicht gehe ich für fünf Jahre nach Boston, und dann fühle ich mich bereit für New York. Dabei weiß man doch, dass in jeder größeren Stadt Menschen ganz unterschiedlicher Art leben.

Aber wenn Sie sich von Kalifornien und New York angezogen fühlen und dennoch das eine dem anderen vorziehen, sitzen Sie dann nicht auch in gewisser Weise dem Mythos auf?

Schon, aber nur auf eine indirekte Art. Wenn ich sage, ich lebe gern in New York, bringe ich damit ebenfalls zum Ausdruck, dass ich gern an einem Ort lebe, an dem viele Menschen zusammenkommen. Das Erste, was sich über New York sagen lässt, befindet sich automatisch auf der Ebene des Mythos. Es ist eine Weltstadt und die kulturelle Hauptstadt des Landes. So ist es nun einmal. Hier sind die Menschen aktiver als an jedem anderen Ort. Wenn man also hier lebt, sagt man praktisch: Okay, ich möchte an einem Ort leben, an dem so viel passiert, dass ich gar nicht für alles Zeit habe. Ich kann nicht bei allem mitmachen, aber es ist gut, zu wissen, dass ich es tun *könnte*, und ich möchte diese Möglichkeit haben. Und ein weiterer Grund, warum ich hier lebe, ist der, dass ich Leuten begegnen möchte, die ehrgeizig und rastlos sind. Wenn man einem Kalifornier begegnet, sagt man: Hi! … und dann folgt ein langes Schweigen [*lacht*]. Das ist ganz okay. Aber ich bin schnell ruhelos.

Das Beste ist, in Kalifornien ruhelos zu sein und in New York Hi! zu sagen.

Genau. Und ich muss Ihnen gestehen, dass mir die New Yorker zunächst grob, unhöflich und gemein vorkamen. Ich kannte nur die Offenheit und Gastfreundlichkeit des Westens, die Leute dort waren freundlicher, höflicher und weniger schroff.

Darüber hinaus ist die Art, wie ich rede, und dass ich häufig lache, sehr kalifornisch. Oder dass ich vorbehaltlos und ohne Scheu auf andere zugehe.

In ›Projekt für eine Reise nach China‹ schreiben Sie aber: »Irgendwo in mir drinnen bin ich immer unbeteiligt.«

Aber ich identifiziere mich nicht völlig mit den Charakteren meiner Erzählungen. Ich glaube nicht, dass ich jemals unbeteiligt war. Und wenn ein Ich-Erzähler in einer meiner Geschichten so etwas sagt, bin nicht ich das. Ich glaube schon, dass ich mich in meinem Leben oftmals zurückgezogen habe, wie es Künstler eben tun, mich mit meiner Arbeit und meiner Lektüre versteckt habe, oder mit ein paar Freunden – aus Angst vor der Welt, weil die Leute mir sagen wollten, ich solle aufhören mit dem, was ich tat, und ich davon nichts hören oder mich damit nicht befassen wollte. Viele Menschen, vor allem Frauen, haben mich gefragt: »Wie haben Sie es nur geschafft, nicht den Mut zu verlieren? Man hat Ihnen doch oft genug zu verstehen gegeben, Ihre ehrgeizigen Ziele zu begraben.« Ich glaube, ich habe mich deshalb nie entmutigen lassen, weil ich niemals auf diese Botschaft gehört habe, aber um sie nicht zu hören, musste ich meinen Hörapparat auf irgendeine Weise abschalten. Wenn also unbeteiligt, dann nur in dem Sinne, dass ich mich instinktiv vor Dingen geschützt habe, die mich entmutigt hätten. Wie wenn Leute einem sagen: »Mach das nicht, sonst bekommst du nie einen Ehemann!« [*Lacht.*]

In Ihrem Film *Duet for Cannibals* gibt es eine Szene, in der jemand einem anderen den Kopf verbindet, was eine Verbindung zwischen dem Konzept von Identität und der Wunde herzustellen scheint. Und in Ihrer Erzählung ›Ohne Reiseführung‹ heißt es: »Wie weit vom Anfang sind wir entfernt? Wann haben wir die Wunde zum ersten Mal gespürt? ... Diese unstillbare Wunde, die große Sehnsucht nach einem anderen Land. Damit dieses Land ein anderes wird.« Haben Sie nicht auch den Eindruck, dass dies in nuce vieles von dem enthält, worüber wir im Verlauf dieses Interviews gesprochen haben?

Eben deshalb findet sich die Erzählung auch am Schluss von *Ich, etc.*

Ich wollte sie allerdings mit dem Anfang des Buches in Verbindung bringen. In der ersten Erzählung, ›Projekt für eine Reise nach China‹, heißt es: »Um gut zu sein, muss man einfacher sein. Einfacher, im Sinne von Zurückgehen zu den Ursprüngen.« Der österreichische Kritiker Karl Kraus hat einmal gesagt: »Ursprung ist das Ziel.« Ist es Ihr Ziel?

Ich will nicht zu meinen Ursprüngen zurückkehren. Ich denke, meine Ursprünge sind nur ein Ausgangspunkt. Nach meinem Empfinden bin ich einen weiten Weg gegangen. Und es ist gerade die Entfernung, die mich von diesem Ausgangspunkt trennt, auf die ich stolz bin. Der Grund dafür ist, wie ich bereits erwähnt habe, meine wurzellose Kindheit und meine zersplitterte Familie. Ich habe viele nahe Verwandte in New York, die ich nie gesehen habe. Ich weiß nicht einmal, wer sie sind. Ich gehöre zu einer Familie, die zerbrochen ist und sich in alle Winde zerstreut hat. Ich habe nichts, wohin ich zurückkehren könnte, und ich wüsste auch nicht, was ich dort finden würde. Ich habe mein Leben lang versucht fortzukommen. Aber natürlich haben viele andere Menschen einen solchen Rückhalt, und das ist wunderbar.

In meiner Vorstellung habe ich mich selbst erfunden – auch wenn das bloß eine Selbsttäuschung ist. Ich sehe mich als Autodidaktin, obwohl ich auf exzellenten Universitäten war – Berkeley, Chicago und Harvard. Dennoch denke ich, dass ich mir im Grunde alles selbst beigebracht habe. Ich war nie irgendjemandes Schülerin, wurde von niemandem gefördert oder protegiert und habe nicht »Karriere gemacht«, weil ich irgendjemandes Geliebte, Frau oder Tochter war. Ich habe es auch nie erwartet. Natürlich halte ich es nicht für verwerflich, Hilfe von anderen anzunehmen. Wenn man Hilfe bekommt, prima. Aber ich bin stolz darauf, es alleine geschafft zu haben. Ich habe immer gedacht, dass es so sein müsste, und habe das als Herausforderung begriffen. Und es war aufregend, es auf diese Weise zu tun.

Wissen Sie, ich habe schon seit vielen Jahren eine fixe Idee – natürlich werde ich sie nie umsetzen, weil ich nicht wüsste, wie, und vielleicht bleiben mir auch nicht mehr genügend Jahre dafür –, aber ich stelle mir vor, alles zu zerreißen und neu anzufangen, unter einem Pseudonym. Ich würde das sehr gerne machen, es wäre wunderbar, noch einmal von vorne zu beginnen, ohne die Bürde des Werks, das ich geschaffen habe. Ich glaube, ich würde die Dinge etwas anders machen … oder auch nicht. Vielleicht täusche ich mich auch. Vielleicht würden die Leute, wenn ich etwas unter einem anderen Namen veröffentlichte, losprusten und sagen: »Das kann nur Susan

Sontag geschrieben haben.« Ich will damit nur sagen, wie bedeutsam für mich die Vorstellung ist, immer weiter voranzuschreiten und neu anzufangen.

Letztlich glaube ich, dass wir falsche und demagogische Sichtweisen zerstören müssen – damit identifiziere ich mich. In meinen grandioseren Momenten sehe ich mich als jemand, der Köpfe abschlägt – so wie Herkules es mit der Hydra machte –, obwohl ich natürlich weiß, dass das gleiche falsche Bewusstsein und die gleichen demagogischen Gedanken anderswo wieder auftauchen werden. Aber ich mache damit weiter, solange ich kann, und ich weiß, dass andere das auch tun werden.

Ich habe gesagt, es sei die Aufgabe des Schriftstellers, der Welt seine Aufmerksamkeit zu schenken, aber natürlich besteht die Aufgabe des Schriftstellers, so wie ich sie sehe, auch darin, mutig und entschlossen gegen alle Arten von Unwahrheit vorzugehen ... auch wenn offenbar ist, dass es eine endlose Arbeit ist, da man niemals alle Irrtümer oder Falschheiten beseitigen kann. Dennoch sollte es in jeder Generation Menschen geben, die diese Dinge angreifen. Mich verstört es, dass an so vielen Orten der Welt die einzige Kritik an der Gesellschaft von der Staatsführung selbst kommt. Ich denke, es sollte immer unabhängige Köpfe geben, die versuchen, noch ein paar mehr Köpfe abzuschlagen. Und sei es auch noch so aussichtslos, Trugbilder, Lüge und Demagogie zu zerstören und die Dinge komplizierter zu machen, denn es existiert eine unaufhaltsame Tendenz zur Vereinfachung. Für mich allerdings wäre es furchtbar, wenn ich das Gefühl hätte, mit allem übereinzustimmen, was ich bisher gesagt und geschrieben habe – das würde mich mehr als alles andere beunruhigen, denn es hieße, dass ich aufgehört hätte zu denken.

DANKSAGUNG

■

Danken möchte ich vor allem Susan Sontags Sohn, dem Schriftsteller David Rieff, und Steve Wasserman, der einer ihrer engsten Freunde war. Ohne ihre Unterstützung und ihren Rat wäre dieses Buch nicht zustande gekommen. Ein besonderer Dank auch an Jann Wenner, der damals den Auftrag für mein Interview mit Susan Sontag für den *Rolling Stone* vermittelte. Eine gekürzte Fassung erschien in der Ausgabe des Magazins vom 4. Oktober 1979; es ist hier erstmals vollständig abgedruckt.

Großen Dank schulde ich auch John Donatich, dem Verlagsleiter der Yale University Press, seinem Programmleiter Christopher Rogers und meinem Lektor Dan Heaton.

PERSONEN-
UND
TITELREGISTER

■

LITERATURNACHWEIS

∎

Die Zitate im Text sind folgenden Büchern entnommen:

Hannah Arendt, *Vom Leben des Geistes.*
Bd. 1: Das Denken, übers. von
Hermann Vetter, Piper Verlag,
München/Zürich 1979

Susan Sontag, *Über Fotografie*, übers.
von Mark W. Rien u. Gertrud
Baruch, Carl Hanser Verlag,
München 1978

Susan Sontag, *Krankheit als Metapher*,
übers. von Karin Kersten u.
Caroline Neubaur, Carl Hanser
Verlag, München 1978

Susan Sontag, *Ich, etc.*, übers. von
Marianne Frisch, Carl Hanser
Verlag, München 1979

Susan Sontag, *Kunst und Antikunst*,
übers. von Mark W. Rien, Carl
Hanser Verlag, München 1980

Susan Sontag, *Im Zeichen des Saturn*,
übers. von Werner Fuld u. a., Carl
Hanser Verlag, München 1981

Susan Sontag, *Das Leiden anderer*
betrachten, übers. von Reinhard
Kaiser, Carl Hanser Verlag,
München 2003

Susan Sontag, *Worauf es ankommt*,
übers. von Jörg Trobitius, Carl
Hanser Verlag, München 2005

Susan Sontag, *Gesten radikalen Willens*,
übers. von Jörg Trobitius,
S. Fischer, Frankfurt/M. 2011

Susan Sontag, *Ich schreibe, um heraus-*
zufinden, was ich denke. Tagebücher
1964–1980, übers. von Kathrin
Razum, Carl Hanser Verlag,
München 2013